海外汉学家与中华文化国际传播

管宇 编著

美国汉学家傅汉思
著述选译随谈

玉骨冰魂

Hans Hermannt Frankel

中国青年出版社

傅汉思任耶鲁大学副教授时存档的证件照

1948 年傅汉思与张充和在颐和园 -1

1948 年傅汉思与张充和在颐和园 -2

1958 年傅汉思与张充和在美国加州

傅汉思与张充和结婚照

1966 年傅汉思、张充和与

女儿傅以谟在日本京都

青年傅汉思与张充和

傅汉思读书，张充和吹笛

中年傅汉思与张充和

张充和与女儿傅以谟

傅汉思、张充和与证婚人杨振声在婚礼上的合影

张充和与弟子陈安娜在自家竹园唱曲

张充和在耶鲁大学讲授书法

张充和在耶鲁大学书法课上临帖

晚年傅汉思与张充和（ Sean Kernan 摄 ）

晚年傅汉思与张充和

晚年傅汉思与张充和在湘西

傅汉思从耶鲁大学荣休时存档的照片

海外汉学家的中国梦与中国文化国际传播

葛桂录

在数百年的中外文化交流进程中，海外汉学家是一批研究与传播中国文化的特殊群体。季羡林先生早在为《汉学研究》杂志创刊号作序时就提醒世人不可忽视西方汉学家的重要价值："所幸在西方浑浑噩噩的芸芸众生中，还有一些人'世人皆醉，而我独醒'，人数虽少，意义却大，这一小部分人就是西方的汉学家。……我现在敢于预言：到了 21 世纪，阴霾渐扫，光明再现，中国文化重放异彩的时候，西方的汉学家将是中坚人物，将是中流砥柱。"[①]季先生还指出："中国学术界对国外的汉学研究一向是重视的，但是，过去只限于论文的翻译，只限于对学术论文、学术水平的评价与借鉴。至于西方汉学家对中西文化交流所起的作用，他们对中国所怀有的特殊感情等则注意还不太够。"[②]

事实上，海外汉学家将中华文化作为自己的兴趣关注点与学术研究对象，特别是不少汉学家本着一种良善的交流愿景，怀揣着美好的中国文化

---

① 季羡林：《重新认识西方汉学家的作用》，季羡林研究所编：《季羡林谈翻译》，当代中国出版社，2007 年，第 60 页。

② 同上，第 60 页。

梦，凭借深厚的汉学功底，潜心从事中华文化典籍的翻译、教学和研究工作，成为向域外大众解读与传播中国文化最可依赖的力量。在外国人认识中国逐步拓展深入的过程中，海外汉学家的汉学研究成果具有重要的作用，既可以帮助外国人接受和梳理中国知识，又可以帮助他们在这种研究互动中重新认识和理解中国文化。汉学家独特的"非我"眼光是中国文化反照自身的一面极好的镜子，也必将成为在海外弘扬中华文化的一方重镇，它昭示的是中国文化的世界性意义。中国文学与中国文化正是在他们的辛勤笔耕与多方努力下走进了异域他乡。他们的汉学活动提供了中国文学、文化在国外流播的最基本资料，成为研讨中华文化国际传播的首要考察对象。

对中国古典文学西传英国做出巨大贡献的英国三大汉学家翟理斯（Herbert Allen Giles）、阿瑟·韦利（Arthur Waley）、大卫·霍克思（David Hawkes）就是其中的典型代表。翟理斯最早全面译介中国文学，以此为转折点，英国汉学开始全面关注中国的文学。其后，韦利、霍克思分别成为欧美汉学界推动中国文学译介最为有力的汉学家。而且，三位汉学家处于英国汉学发展的三个阶段，形成了各自的汉学译介与研究的特色。翟理斯身处西方文明鼎盛期，表明英国可以理解中国，因而他的韵体翻译代表了维多利亚时期汉诗英译的特点。他作为外交官汉学的代表，能够站在学者角度，平和客观审视中国文学。韦利生活在西方文明衰落期，认为中国文化可以拯救西方，他对汉诗的自由体翻译则是忠实与流畅的最佳结合。他一生未到中国，能以局外人心态，用自己的准则去审视、剖析中国文学的优劣。霍克思身处中英交流的密切期，他认为好的翻译必然建立在学术研究之上，尤其是对文本所处的历史语境的社会化还原，因而能以学者研究的心态，在翻译中国古典作品的过程中注意借鉴中国学人的成果。而且，这三位英国汉学家均发自内心地喜欢中国文化，正是通过他们对中国优美的诗歌及文学故事的移译，提升了中国在西方的地位，表明中国有优美的文学，中国人有道德担当感，有正常的人性，跟欧洲人是同样的人，有助于国际的平等交流。同时也让外国读者看到中国的重要性，使广为流传的有关中国的离奇谣言不攻自破，使普通人性在中国人身上重现。他们把自己一生最美好的时光交付给了终身热爱的汉学事业，一生大部分时间都用于中国文学文化的翻译、研究、阐释与传播工作，最终也成就了中外文学与文化宏大的交流事业。

相对英国汉学而言，美国汉学起步较晚，然而如今却已成为世界汉学的重镇，涌现出史景迁（Jonathan D. Spence）、宇文所安（Stephen Owen）等汉学巨擘。本书聚焦的美国汉学家傅汉思是二者的老师，具有鲜明的个人特色和深远的时代影响。他的研究中西融通，旁征博引。他是美国汉学界首位对中国文学做纯文学研究的学者，引领了美国专业汉学家译介中国古诗的热潮。除中国文学研究外，傅汉思也极大地推动了昆剧、书法和沈从文文学在美国的传播。

由此可见，海外汉学家在中国文学及文化向域外传播过程中扮演着重要的角色，这就表明海外汉学与中华文化国际传播存在着天然的关系。诚如北京语言大学原校长刘利教授在题为《构建以汉学为重要支撑的国际传播体系》的文章中指出："汉学自诞生之日起，便担负着中华文化国际传播的重要使命。汉学家们在波澜壮阔的中外交流史中留下了独特且深厚的历史印记，他们广博精深的研究成果推动了中外文化交流和文明交融互鉴，世界各国对中国形象的认知也因此更为清晰、立体、真实。"① 确实，中外文明交流互鉴的结果有利于在世界上显现丰富而真实的中国形象，这不仅意味着中华文明"外化"的传播，也意味着异域文明对中华文明"内化"的接受，有助于展示中华文化走向外部世界的行行足迹。

在新的时代背景下，推进中华文明国际传播，推动中华文化更好走向世界，除了我们自身要掌握思想和文化主动以外，还要特别关注海外汉学

---

① 刘利：《构建以汉学为重要支撑的国际传播体系》，《学习时报》2023 年 7 月 21 日，第 6 版。

家的著译成果。特别是海外专业汉学家的全球史视野、跨文化比较视域，批判性反思与自我间离的能力，有助于增强不同文化之间的共识，创建我们所渴求的文化对话，并发展出一套相互认同的智性标准。① 因而，在此时代语境中，探讨海外汉学具有重大战略意义。

从中国角度看，海外汉学可以帮助我们了解中华优秀文化在国外的传播与影响，了解域外的中国形象构成及其背后的诸多因素，并吸收他们传播中国文化的有益经验。从世界角度看，可以通过海外汉学著译成果及汉学家的诸多汉学活动（教育教学、与中国学人的互动交流等），让世界了解中国文化的内在意蕴及其与域外文明交流互鉴的特征。

中外文化交流与文明互鉴的理想结果是对话双方能够在交流中找寻本土思想文化创新发展的契机并实现互惠。因为，跨文化对话有一种镜子效应，把陌生文化当作一面镜子，在双方的对话中更好地认识自己。正如巴赫金所言，新意不是产生在一种意识内部而是形成于两个意识的交锋对话之中。

在此意义上，海外汉学家对中国典籍翻译阐释中所展示的跨文化对话意识具有特殊意义。他们固然可以复制出忠实于原作的译本，同时更可能出于自己的理论构想与文化诉求，通过主观性阐释与创造性误读，使译作具有独立于原作之外的精神气质与文化品格，同时进行着本民族文化传统的"自我重构"。他们借助独具特色的译介中国行动，既构筑了新的中国形象，也试图通过东西方文明对话构筑起新的世界，从而实现跨文化对话的目标。

比如对中国道家思想有浓厚兴趣的犹太宗教思想家马丁·布伯（Martin Buber）对中国典籍的翻译阐释动机及其思想嬗变过程，就展现出中德文化交流互动的深层意蕴。布伯翻译中国典籍融入自己的哲学理念，对中国道

---

① 参见葛桂录：《主持人语：中华文明国际传播与话语建设》，《外国语言文学》2023 年第 3 期。

家经典意象和观念的选择性吸纳，不仅为迎合其自身对宗教、哲学研究的学术旨趣，更是希望借用外来思想革新自身发展遭遇桎梏的传统，寻觅解决西方现代性危机的有效手段。布伯借助翻译中国典籍，以对话的模式促进东西方哲学思想的碰撞与互动，为东西方哲学比较研究提供了新的视角与范式。因此，海外汉学真正成为一种跨文化对话的平台。正是在"误读"与"理解"之间不断前进的汉学家，他们突出中国经典的独特意蕴、中国学问的典范意义及中国文化的普遍价值，搭建起平等合作的跨文化对话空间，实现了世界性、人类性的巨大创造，重塑了中外文化和谐共生的世界格局。

海外汉学家在其著译与教育交流实践中，也非常关注比较文学视角的运用。比如霍克思在接手牛津汉学讲座教授几年后，甚至从比较文学的视角正面回答了汉学学科这一安身立命的问题。在他看来，中国文学的价值在于其与西方的相异性，作为世界文化的一个组成部分，其独特性使其有了存在与被研究的必要。霍克思认为，对不同文学间主题、文类、语言表达与思想表达差异的寻找等都是中西文学比较中可开展的话题。他时刻不忘比较视域，其学术路径在传统语文学研究方法基础上增加了比较思想史视野下审视学术文献意义的步骤。对霍克思而言，研究汉学既是为了了解中国，了解一个不同于西方的文学世界，也是为了中英互比、互识与互证。此中贯穿着比较，贯穿着两种文化的互识与交流。霍克思在比较视野下对中国典籍译研的文化阐释影响深远，可算是贯穿其汉学著译始终的重要研究理念。

因此，我们需要以海外汉学数百年的发展史为背景，从中外文学与文化交流的角度来重新观照、审视汉学家的汉学经历、成就及影响。在方法路径上，首先，要在中外文化交流史的基础上弄清楚中国文化向域外传播的历史轨迹，从这个角度梳理出海外汉学形成的历史过程及汉学家依附的文化语境；其次，以历史文献学考证和分析的基本方法来掌握海外汉学文献的传播轨迹与方式，进而勾勒出构成海外汉学家知识来源的重要线索。最后，借用"历史语境主义"的研究范式来探究海外汉学家不同发展阶段的汉学成就及观念诉求。

具体而言，就是要用严谨的史学方法搜集整理汉学原典材料，用学术史、思想史的眼光来解释这些材料，用历史哲学的方法来凸显这些材料的观念内涵，尽可能将丰富的汉学史料放在它们形成和演变的整个历史进程中动态地考察，分别其主次源流，辨明其价值与真伪；将汉学史料的甄别贯穿史料研究整理工作的全过程之中。进一步讲，就是要依靠史料方面的深入，结合思想史研究的路径、文献学的考辨和分析、比较文学和跨文化译介研究的视角与方法，在具体汉学家的思想观念中去理解和分析具体的汉学文本或问题，从产生汉学著作的动态社会历史和知识文化背景中去理解汉学家思想观念的转折与变化，尽力展示海外汉学学科体系奠基并开始中西文化融合的过程，从而总体性把握与整体性评价在中国文化域外传播的进程中，汉学家所做出的诸种努力及其实际效果，以确证海外汉学的知识体系和思想脉络。

这有助于我们站在新世纪世界文化学术史的角度，在中华文明与外国文化的交流、相遇和融合之中，重新确定我国优秀传统文化的现代意义，加深对中华传统文化价值的认识，并借此总结出中国文学及文化对外传播的基本规律、经验与方法，为国家制订全球文化战略提供学术论证与历史经验总结，提升文化自觉，彰显文化自信。

总之，在中外文明双向交流语境中深入研究阐释汉学家的中国梦，借此呈现中华优秀传统文化蕴含的思想观念、人文精神与道德规范的独特魅力，提高全社会对推动中华文化国际传播的意识，彰显中外人文交流和文明互鉴的价值与意义。当然，海外汉学家基于他们的不同身份，出于他们各自的文化认知、思想观念、社会需求甚至政治考量，呈现出他们心目中的中国文化形象，展示的是他者的眼光与思路。我们分析阐释这些海外汉学成果时，也必须秉持一种批评的态度，沉潜于其时其地的文化思想史语境之中，解读他们对中国的一些片面认知甚至错误判断，包括将中国文化只当作博物馆古董来欣赏的错误史观。正如张西平教授所说，历史中国和当代中国的统一性是开展中国研究的出发点。我们相信，通过海外汉学家几代人的不懈努力，中国文化走进异域他乡之后，所引发的中外文学与文化交融、异质文化互补，不仅是昨天人们的骄傲，更是今天的时尚与主题。

序言

2

　　傅汉思（Hans Hermann Fränkel），德裔美国汉学家，民国才女张充和之夫，生前长期担任美国耶鲁大学东亚语言与文学系教授。傅汉思中文名原为"傅汉斯"，由好友陈世骧所起，张充和将其改为"汉朝的汉，思想的思"。傅汉思一生共发表著作 4 本，论文 30 篇，译作近 300 篇，序言 2 篇，书评 26 篇，其代表作《梅花与宫闱佳丽：中国诗选译随谈》（*The Flowering Plum and the Palace Lady: Interpretations of Chinese Poetry*，1976）被誉为中国文学领域的"正典"。

　　傅汉思是"一位同时精通中国传统学问和西方文学的杰出教师"[①]，拥有西方文学和中国文学双重学术背景，这是他与传统汉学家的不同之处。1916 年，他生于德国柏林一个犹太裔西方古典学和语文学世家，父亲赫尔曼·费迪南德·弗兰克尔（Hermann Ferdinand Fränkel）是 20 世纪希腊文学研究的杰出学者。1935 年，傅汉思随父母移民美国加州，后继承家学，

---

① Kang-i Sun Chang, "Chinese literature scholar and translator Hans Fränkel dies", *Yale Bulletin & Calendar*, Vol.32 (2), 2003.9.12.

分别于 1937 年、1938 年和 1942 年取得斯坦福大学古典学学士、加州大学伯克利分校西班牙语硕士和伯克利罗曼语文学博士学位。1942 年至 1945 年，傅汉思辗转旧金山、纽约和华盛顿，凭借杰出的多语言优势，先后在美国陆军情报所和战略情报局从事无线电监听员兼翻译、海岸警卫队后备队成员、作战新闻处外地代表及战略服务处传记分析员等工作。战时在美国国防语言学院外国语言中心学习汉语，战后在加州大学伯克利分校担任西班牙语讲师。1947 年，应时任北大校长胡适的邀请，傅汉思前往北京大学西语系担任副教授，讲授拉丁语、德语和西方文学，其间邂逅其终身伴侣张充和。返美后，傅汉思的学术兴趣由中国历史转向中国文学，以临时教职身份在职攻读博士学位，毕业后从加州伯克利辗转至斯坦福大学，并于 1961 年在耶鲁大学获得副教授终身教职，1967 年晋升教授，1987 年以"荣誉教授"身份退休。其间，他深入开展中国古诗的译介与研究，成为美国的中国文学研究的领袖。2003 年 8 月 26 日病逝。

傅汉思集中国古诗研究专家、中国古典文学翻译家和中美文化交流先行者三重身份于一身，为中国文学和文化走向世界作出了卓越贡献。作为"美国汉学界对中国文学做纯文学研究的第一人"[1]，傅汉思的古诗研究"融合了中国、美国和欧洲的学术传统"[2]。他是美国首批致力于中国古诗译介的专业汉学家之一，其译诗在保持自身诗性的前提下注重再现原诗的诗性。除古诗译研外，他还积极投身其妻子、民国才女张充和的海外文化事业中，在推广昆剧、书法和沈从文小说方面贡献巨大。

傅汉思的中国古诗研究既博又专，不仅关注中国古诗的普遍规律，广涉不同诗体，而且聚焦特定诗体和诗人。其代表作《梅花与宫闺佳丽：中

---

① ［美］康达维：《Knechtges 教授在傅汉思追思仪式上的悼词》，《水》复刊第 24 期——张元和、傅汉思纪念特刊，2004 年 7 月 15 日，第 31 页。

② ［美］宇文所安：《Owen 教授在傅汉思追思仪式上的悼词》，《水》复刊第 24 期——张元和、傅汉思纪念特刊，2004 年 7 月 15 日。

国诗选译随谈》类似中国诗话，主要以文学主题为纲分为13章，囊括乐府、宋词、古体诗、元曲、绝句、律诗、诗经体、赋8种诗体，其中对平行与对偶的探讨在西方汉学界无出其右。傅汉思的专长在于汉魏六朝诗歌，特别是乐府诗。他在《梅花与宫闱佳丽：中国诗选译随谈》中独辟一章讨论"叙事歌谣"，另著有多篇乐府研究专论，其中收入《中国文学体裁研究》（*Studies in Chinese Literary Genres*，1974）一书中的《乐府诗歌》（"Yueh-fu Poety"），堪称西方学界对乐府诗最为系统翔实的介绍。傅汉思在研究曹植、蔡琰和李白方面建树颇高，他对曹植诗文学性的探讨打破了美国的中国文学批评固有的"传记假设"，他对这三位诗人身份的研究处于欧美领先水平。

傅汉思的古诗研究特色在于其鲜明的比较文学视角及对西方学术理论和方法的运用。他的比较视野源于其多语优势和深厚的西学功底。傅汉思分析古诗时引入了母题研究和定量研究方法以口头程式、人格面具和新批评理论。其中，母题研究代表作为《中国诗歌中的梅树》（"The Plum Tree in Chinese Poetry"）。《中国民谣〈孔雀东南飞〉中的程式化语言》（"The Formulaic Language of the Chinese Ballad 'Southeast Fly the Peacocks'"）综合运用了口头程式理论和定量研究方法。口头程式理论是傅汉思乐府诗研究的最大创新之处。他将汉代无名氏乐府置于口头传统的视域考察，与西方民谣互相参照以总结口头叙事诗的共性，并运用派瑞—洛德理论（Parry-Lord Theory of Oral Composition），关注套语和程式化表达的使用。他在《蔡琰和被认为由她创作的诗歌》（"Cai Yan and the Poems Attributed to Her"）中运用人格面具理论探讨作者身份，在《曹植诗十五首：一种新方法的尝试》（"Fifteen Poems by Ts'ao Chih: An Attempt at a New Approach"）中借助新批评理论强调文学的艺术性。傅汉思的古诗研究对后辈汉学家产生了深远影响。康达维（David R. Knechtges）表示，《中国诗歌中的梅树》为其在植物名称英译上带来深刻启发，《曹植诗十五首》

是其古诗研究起步阶段的模范。毕嘉珍（Maggie Bickford）继承傅汉思的梅花诗研究，成为北美墨梅研究的权威。安妮·白丽儿（Anne Birrell）受傅汉思乐府研究的影响，亦成为北美乐府译研的专家。

傅汉思的译作总数在 300 篇以上，以古诗为主，其他文学体裁为辅。前者包括《梅花与宫闱佳丽：中国诗选译随谈》中的古诗、学术论文中的古诗、《玉骨冰魂：中国艺术中的梅花》（*Bones of Jade, Soul of Ice: The Flowering Plum in Chinese Art*，1985）中的梅花诗，选入《葵晔集：历代诗词曲选集》（*Sunflower Splendor: Three Thousand Years of Chinese Poetry*，1975）的古诗及其妻张充和的诗集《桃花鱼》（*Peach Blossom Fish, Selected Poems Composed and Calligraphy by Chang Ch'ungho*，1999），其中占比最大的是乐府诗，包括乐府双璧《孔雀东南飞》（"The Chinese Ballad 'Southeast Fly the Peacocks'"）和《木兰诗》（"The Ballad of Mulan"）。后者包括与张充和合译的书论《书谱两种》（*Two Chinese Treatises on Calligraphy*，1999），传记《孟浩然传》（*Biographies of Meng Hao-Jan*，1952），《梅妃传》（*Biography of the Flowering-Plum Consort*），昆曲唱词《思凡》（*Ssū fán—A Buddhist Nun Longing for the World*）、《游园》（*Translation of Arias in 'A Stroll in the Garden' by T'ang Hsien-tsu*）、《扫花》（*Sweeping Flowers*），书信《戒兄子严敦书》（*Ma Yuan: Letters to His Nephews Ma Yan and Ma Dun*）等。

傅汉思的中国古典文学译介体裁广，首译多，注重译释结合。体裁方面，不仅诗体多，而且文体多。他的译注繁简得当，或通过对表达化用的揭示勾勒汉诗发展延承的肌理，或借助对文化负载词的阐释宣介博大精深的中华文明。傅汉思的古诗翻译颇具特色。一方面，他强调在译文中再现汉诗的诗学要素，倾向于能体现原诗文体特点的要素。另一方面，他在翻译时兼顾中英诗学要素，注重在传达中国古诗诗学要素的同时保持英诗的诗性。除翻译实践外，他还涉足翻译批评，论文《20 世纪 50 年代以来中国古诗英译的问题与成就》（*English Translations of Classical Chinese Poetry since the 1950's—Problems and Achievements*）是美国 20 世纪 50 年代至 20 世纪 80 年代古诗英译史的缩影。

傅汉思还在推动中国文化在北美的传播中做出了贡献。1980 年 10 月 27 日至 1981 年 2 月 15 日，他负责安排沈从文的美国之行，成为全美"沈从文热"的助推者。他还为再版的沈从文短篇小说英译集《中国土地》（*The Chinese Earth: Stories by Shen Tseng-wen*，1947，1982）撰写作者简介，翻译沈从文的再版序言。1953 年至 1986 年，傅汉思与张充和先后在包括哈佛、耶鲁、普林斯顿在内的北美 24 所高校宣介和表演昆曲，直接促成了后期昆曲入选联合国非物质文化遗产名录。他留下的昆曲宣介材料包括 1957 年在加州大学伯克利分校的《中国古典舞》讲稿、海外昆曲社官网"昆曲"简介，以及上文提到的三首昆曲唱词。他不仅宣介和研究昆曲，而且还在张充和表演时负责打鼓。

傅汉思是美国中国古诗翻译与研究的领军人物。他的翻译让诸多古诗首次进入西方世界，向英语读者展现了古诗的诗性。他的研究融合了中西学术传统，将中国文学提升到世界文学的视域。他的文化推广事业助推中国非遗和现当代文学的国际化，为中华文化"走出去"带来了重要启示。

近年来，国内对张充和的研究热度持续高涨。然而由于文献的匮乏，对傅汉思的认知和研究尚处于起步阶段。本书旨在全面系统、真实客观地展现傅汉思的汉学成就以及他对中国文化国际传播的贡献。全书共分六章，每章选取 2 篇至 3 篇傅汉思作品，作品类型包括论文、译文、序言、悼词，每篇作品之前设有"导读"栏目，之后设有"点评"栏目，旨在帮助读者更好地理解傅汉思作品的背景、特色、价值和意义。第一章"西方文论　探索东方诗韵"聚焦傅汉思的古诗研究，第二章"世界视野　诠释乐府文心"聚焦乐府研究，第三章"推陈出新　传译诗彩华章"聚焦古诗英译及其批评，第四章"凤鸾和鸣　共奏昆曲佳音"聚焦昆剧推广，第五章

"中美联璧 弘扬汉墨珠玑"聚焦书法和沈从文文学推广，第六章"慈父良师 彰显家风学养"聚焦亲友评价。

本书由中国社会科学院大学外国语学院副教授、波兰格但斯克大学孔子学院中方院长管宇主编。编者郑晨为安徽新华学院外国语学院讲师、副译审、马来亚大学语言与语言学学院博士生，编者魏远东为北京建筑大学人文与社会科学学院讲师。

深入研究傅汉思的汉学生涯、学人交往、学术作品和文化活动，有助于充实中国古诗英译史、美国中国文学研究史乃至世界汉学史的素材，加深我们对中美文化交流史的认识，为中国典籍外译理论体系的构建添砖加瓦，提炼出指导当下中华文化"走出去"的宝贵经验。希望读者朋友借由此书开启一段美妙的文化之旅。

目　录

第一章

西方文论
探索东方诗韵

　　傅汉思是美国首位对中国文学特别是古诗展开纯文学研究的汉学家之一。他在以代表作《中国诗选译随谈》为主的著述中展现出鲜明的研究特色——使用西方文学批评方法，包括但不限于文本细读原则、比较文学视角、母题分析范式、新批评方法、定量分析方法、口头程式理论、人格面具理论。例如他综合运用定量分析方法和口头程式理论的代表作《中国乐府〈孔雀东南飞〉的程式化语言》。在此文中，他考察了四类程式化语言：本诗中的相同短语、其他诗中的相同短语、本诗中的相似短语、其他诗中的相似短语。研究发现，它们的数量之和占到全诗短语的一半以上，以此总结得出本诗属于口头传统。再如傅汉思使用人格面具理论[①]探讨古诗的作者身份，发现了文学中的身份扮演。此类研究

---

① 　人格面具（persona）：瑞士心理学家卡尔·荣格（Carl Gustav Jung）提出的概念，荣格将一个人的人格比喻为面具，在不同的社交场合人们会表现出不同的形象，也就是戴上不同的面具，因此面具并不只有一个，而人格就是所有面具的总和。——译注

在《曹植作品的真伪性问题》（*The Problem of Authenticity in the Works of Ts'ao Chih*）、《蔡琰和被认为由她创作的诗歌》和《李白 11 首词的真伪性问题》（*The Problem of the Authenticity of the Eleven Tse Attributed to Li Po*）中大放异彩。这三篇论文展现了傅汉思古诗研究中扎实的文史互证能力：他主要从文本的收录和流播及作者的写作风格出发，批判性地审视前人的研究成果，从而证明了《悲愤诗·其一》《悲愤诗·其二》《胡笳十八拍》非蔡琰所作，11 首李白词非李白所作，并呈现了《曹集铨评》中 340 首诗歌复杂的真伪性情况。

本章选译傅汉思运用母题分析范式的代表作《中国诗歌中的梅树》、《唐诗中对过去的思索》（*The Contemplation of the Past in T'ang Poetry*）及其运用新批评方法的代表作《曹植诗十五首：一种新方法的尝试》以飨读者。其中，《中国诗歌中的梅树》聚焦中国文学特别是古诗中"梅"之母题及其时代变化，探究母题内涵。《唐诗中对过去的思索》聚焦"怀古诗"这一特殊诗体，探讨创作特点，并发现其中反复出现的母题。

傅汉思的中国古诗研究意义重大。首先，它实现了对中国文学的反哺。傅汉思对中国古诗主题、意象、修辞等诗学元素及相互关系的钻研，对乐府和赋等文体的关注，以及对古诗表达和典故脉络的追踪加深并丰富了中国学界对中国文学本体的理解。其次，傅汉思通过文本的阐释向美国读者成功介绍了中国古诗。他的研究选材让美国了解到了中国古诗多样的体裁和题材，认识到了中国古诗的诗学特质和与西方文学的共通之处。再次，他的研究改变了中国文学在美国的定义和地位。一方面，他改变了 19 世纪中叶以前欧美汉学家从历史、哲学、社会等非文学角度考察中国文学的传统路径，首次对中国文学开展纯文学研究，强调文学的艺术性。另一方面，他运用结合语文学和批判性反思的文本细读分析方式，引入母题研究、口头程式化、人格面具、新批评、定量分析等理论方法，并将中国文学与欧洲文学展开比较和对比，从而改变了当时中国文学与欧美文学割裂的孤立地位。最后，他的研究是比较文学的雏形，有利于世界文学理念的形成。傅汉思是将中国文学纳入比较文学研究的先行者，他对中西文学最早的对比研究几乎是比较文学学科在美国的发轫。他在平行和对偶、中西方民谣传统等方面的比较文学实践基于其个人渊博的中西学养，是真正意义上的比较文学。他的研究融合了中国学术的考据传统、美国学术的批判精神及欧洲学术的人文主义，为三者找到了对话和互动的空间。他以中国文学研究为抓手，通过文学现象的对比、文学资料的互证、文学概念的统摄和文学批评方法的引入，为"世界文学"概念的形成提供了可能。

傅汉思的中国古诗研究对后来的研究者产生了深远的影响。以其对新批评方法的运用为例，作为开创性的尝试，文本细读法成为后代美国中国文学研究者开展文学批评的主流路径，尤以傅汉思的学生宇文所安（Stephen Owen）为代表。宇文所安将强调文本内部研究的细读方法作为自己研究唐诗文本的基本方法，并积极运用于《初唐诗》（ *The Poetry of the Early T'ang*, 1977, 2012）、《中国诗歌的黄金时期：盛唐》（ *The Great Age of Chinese Poetry: The High T'ang*, 1981, 2013）、《迷楼：诗与欲望的迷宫》（ *Mi-Lou: Poetry and the Labyrinth of Desire*, 1989）、《中国文论：英译与评论》（ *Readings in Chinese Literary Thought*, 1992）等专著之中。除继承了与傅汉思一脉相承的细读法外，他还注重考察文本产生的外部条件，如文本的流动性、不确定性、历史语境等，从一定程度上实现了对傅汉思新批评理念的超越。华盛顿大学东亚系荣休教授康达维将傅汉思尊为"汉学领域使用新批评方法研究中国诗歌的第一人"[①]，并指出了该做法对他本人从事中国文学研究的启蒙影响，"这篇文章（《曹植诗十五首》）发表之时，我刚开始学习中国古诗。和海陶玮的作品一样，《曹植诗十五

① ［美］康达维：《Knechtges 教授在傅汉思追思仪式上的悼词》，《水》复刊第 24 期——张充和、傅汉思纪念特刊，2004 年 7 月 15 日，第 31 页。

首》是当时为数不多的用英语研究中国文学的作品，我将它视为研究的模范。我确信，当我读研时，我读过该文不下十次"。[①] 据孙康宜（Kang-i Sun Chang）回忆，她在 1982 年入职耶鲁大学时曾得到傅汉思的赠书——约翰·贺兰德（John Holland）的代表作《诗律的概念：英国诗歌导论》（*Rhyme's Reason: A Guide to English Verse*, 1981），贺兰德在她看来是"最看重诗的形式与心灵合一的诗人"，而傅汉思在运用新批评理念解诗时也同样注重于文本细读和结构分析中挖掘原诗的文学趣旨，赠书行为可看作傅汉思新批评理念的投射。孙康宜曾发表《细读的乐趣》（2019），以文本细读的方式考察中国经典和现代文学作品。

---

① ［美］康达维：《Knechtges 教授在傅汉思追思仪式上的悼词》，《水》复刊第 24 期——张充和、傅汉思纪念特刊，2004 年 7 月 15 日，第 32 页。

中国诗歌中的梅树 ①

傅汉思

【导读】

译作原文刊载于《亚洲研究》（*Asiatische Studien*）1952 年第 6 期，第 88 页至 115 页，原题目为"The Plum Tree in Chinese Poetry"。

傅汉思是英语世界首位系统研究中国文学中梅花母题的学者。该文是傅汉思中国文学研究的处女作，是其利用西方文论研究中国古诗的"牛刀小试"。文章共选取 15 首"梅花诗"，以朝代为分期，梳理了中国文学史中"梅"母题的不同变体，追溯了"梅"之母题地位不断上升，直至其最终备受中国文坛青睐并成为文人象征的过程。

傅汉思之所以从母题研究入手开启对"梅花诗"的研究，与当时西方的文学批评思潮有直接关联。20 世纪 30 年代，英美的文学批评开始转向对文本本身和写作技巧的深入分析，对文本语言的批评研究日益增多。这种研究方法不仅关注表层的词汇系统，更深入探讨了深层的意象、隐喻和母题等文学元素，其中母题概念在民间文学和民俗学中得到了广泛应用。

傅汉思对母题的浓厚兴趣，部分源自他的学术背景。他在斯坦福大学获得古典学学士学位，并在加州大学伯克利分校获得罗曼语文学博士学位。在博士论文中，傅汉思运用文本细读方法，深入分析了克维多诗歌中的喻象语言，探索了这些诗意形象背后的深层概念。

---

① 本章注释部分涉及的各类古代作品如果无特殊说明，表示该作品引自《四部丛刊》版本，涉及的史书引自百衲本《二十四史》。

此外，傅汉思的母题研究也受到了当时中国文学批评的影响。自 1924 年胡适将母题概念引入中国文学批评以来，这一概念被广泛使用。傅汉思与胡适的深厚友谊，以及他在北大的短期教学经历，可能对他的中国文学研究产生了重要影响。

梅树[①]是中国抒情诗中最受欢迎的话题之一。特别是从 12 世纪开始，几乎每位诗人都觉得有义务为盛放的梅花作诗，因为他们认为梅树比其他树木优越，在精神上与文人类同。下文中，笔者将探究梅上升至这一独特地位的过程，并追溯与梅有关的各种母题的出现和发展。由于论及梅的诗歌数量庞大，多达几千首，本文仅列出一些典型案例。其中多数案例和其他尚未引入的大量诗歌均可在中文百科全书中"梅"词条下获取。

一、汉代以前（约公元前 11—公元前 3 世纪）

在中国最古老的诗集《诗经》中，有四首[②]顺带提及了梅树，另有一首有趣的诗（第 20 首）关注的是掉落的梅子：

摽有梅，

---

① 在文学作品中识别植物名称总是很困难的，而这种尝试往往与诗歌的目的背道而驰。本文中，"plum"被用作中文"梅"在英语中的对等词，而没有试图在各种情况下建立其确切的植物学身份，但假设它在大多数情况下与中国现在俗称为"梅"、植物学家称之为"prunus mume"的树十分相似。另一种英文也叫"plum"的中国树种——李（prunus salicina 或 prunus domestica）不在本研究之列。关于梅在中国的分布，官方机构意见不一，但可以肯定的是，它原产于中国中部、南部和西部的大部分地区，并在野外生长，在中国北部很少见。参考洪迈在《容斋随笔》（作者序时间为 1192 年）3.6a 中对两位知名《诗经》注疏者的评论："毛亨、郑玄是北方人，因而不知道梅。"感谢艾伯华（Wolfram Eberhard）提供此处和其他一些参考资料。
② 第 130 首、第 141 首、第 152 首、第 204 首。我引用的是哈佛燕京学社汉学指南系列编辑的毛诗文本（增刊 9，北京，1934 年），其中的诗歌为连续编号。

其实七分！

求我庶士，

迨其吉兮！

摽有梅，

其实三兮！

求我庶士，

迨其今兮！

摽有梅，

顷筐墍之！

求我庶士，

迨其谓之！

这首诗有多种解读方式。根据汉代注疏者流传下来的中国传统解释，该诗中的梅与女孩成年后成亲的渴望或义务有关。成熟的梅子可代表女孩的成熟。[①]梅子的掉落可象征着时间的流逝和女孩日益增长的焦躁情绪。人们也可把女孩捡到的梅子联想为男子或者成亲的机会。阿瑟·韦利给出了另一种解释。据他称："该诗类似'爱我，不爱我'和'今年，明年，某个时候，永远不会'式的爱情占卜。"[②]

中国第二部诗歌选集《楚辞》中包含了一些汉代以前的诗歌，但未提及梅。这一点令人惊讶，因为书中多次提及众多植物。究其原因，可能是

[①] 如果这种解读是正确的，那么该诗可与萨福婚歌中的一个片段进行比较，其中纯洁的新娘被比作高挂在树上的成熟苹果，译文参考如下：

就像高贵的苹果在顶端的树枝上变红，
在最高的树枝上，采摘者已经忘记了它——
不，他们没有忘记它，他们够不着它——

[②] Arthur Waley, *The Book of Songs*. Boston and New York: Houghton Mifflin, 1937, p.30.

《楚辞》中的诗人似乎偏爱香气浓烈的植物。梅花虽然不是无香，但只散发出淡淡的清香。

在少数几篇提及梅的汉前散文中，通常也会提及它的果实。例如在常被引用的《诗经》中的一首诗，商王武丁将其贤臣比作盐和梅子，因为它们能赋予汤必不可少的味道①。（注疏者称，这里用李子是取其酸味，正如后世的醋一样）此后梅花被视为梅树最显著的特征，但在汉前文献中几乎从未提及②。

二、汉代（公元前206—公元220年）

从西汉开始便流传着一个有趣的故事，其中梅扮演着重要的角色。该故事载于刘向（公元前77—公元前6年）的《说苑》中，开头如下：

> 越使诸发执一枝梅③遗梁王④，梁王之臣曰韩子，顾谓左右曰："恶有以一枝梅以遗列国之君者乎！请为二三子惭之⑤。"

---

① 《尚书·说命下》。

② 一个小例外是《夏小正》中的一段，该段中梅被列为在首月开花的果树之一（见《大戴礼记》2.5a）。然而，此处对梅的兴趣在于烹饪方面而非审美方面，这可从同部作品后文中提到的梅中看出来："五月……煮梅，为豆实也。"（该术语的意思不同；出处同上，参见8a）

③ 很难确定这里的短语"一枝梅"是指后文用法中的"一根开花的梅枝"，还是指不带花朵的"一根梅枝"。

④ 字面意思是"梁王"。公元前340年，当魏国都城迁至大梁（今河南开封附近）后，魏国常称梁。这里指的是魏国，而不是梁国（今山西），这一点除了其他原因外，还可从诸发同篇故事后文的一句话中看到："彼越亦天子之封也。不得冀、兖之州，乃处海垂之际……"这里，越国大使显然将自己国家的情况与东道国的有利位置进行了对比。现在的冀州和兖州（中国古代九州中的两个，见《尚书·禹贡》）大致相当于战国时期魏国的领土，位于今天河南北部和山西西南部。

⑤ 《说苑》12.11b—12b。

"惭"意为"羞辱"，是指在使者到访时戏弄和试探他们的风俗。正是在这个意义上，故事后文未提及梅枝。当然，该轶事可能纯属虚构。倘若如此，它至少展现了故事作者对梅的显著兴趣。另外，如果存在事实依据，那么这可能表明，在故事发生的战国时期，梅在越国发挥着重要作用。

为了支持后一种假设，可以引用以下传说：

> 越俗说会稽山夏禹庙中有梅梁，忽一春而生枝叶[1]。

大禹据称是夏朝的开国元勋。位于会稽山（今浙江境内）的大禹陵在越国是至关重要的神圣之地，因为当时的统治者把这位文化英雄奉为祖先。人们认为，大禹死后被安葬在会稽山上，而会稽山也是古时越国统治者的住地。上文有关神奇梅梁的传说在后世很多诗歌中得到影射[2]。这是否表明了越国赠送魏国一枝梅这一奇怪礼物背后的动机呢？这枝梅是否意在传递魔力呢？或许这是"梁"一词的文字游戏——既代表"梅梁"的"梁"，又象征梁（魏）国？

东汉时期的张衡（78—139 年）写下了《南都赋》。该首赋列举了梅，但没有铺陈，而是与南都（今河南）南阳郡皇家园林中的其他果树一同列出。[3]

另一处关于汉朝皇帝园中梅树的记载见于《西京杂记》，该书据称讲述了汉武帝（公元前 141—公元前 87 年）在位统治时期的事件。记载称，

---

[1] 任昉（460—508 年）《述异记》（收于《随庵徐氏丛书》）1.15b。其他更可靠的著作也简要地提到了同样的现象，如会稽人赵晔（公元后一世纪）所著《吴越春秋》"夏禹庙以梅木为梁"（引自《太平御览》187.7a）及应劭（约公元 200 年）所著《风俗通义》"夏禹庙中有梅梁，忽一春生枝叶"（引自《太平御览》970.2b）。这段话没有收录在现存十卷本的《风俗通义》中（旧版本为 30 卷，现已失传）。与此类似，出自《吴越春秋》的引文也没有出现在其现存的十卷本中，其旧本有十二卷。

[2] 例如宋之问（卒于公元前 712 年）在其诗《谒禹庙》中写道："梅梁古制无。"（《宋之问》2.24b）

[3] 《张河间集》（收于《汉魏六朝百三家集》，章经济堂木刻本，1892 年）2.3a。

武帝在修缮上林苑（西都长安附近的大公园，位于今陕西省）时，朝臣从遥远的地方送来了不寻常的树木。其中列举了七种（另一种解读为六种）梅树，一些品种仅凭名字便展现出武帝的审美品位。然而，由于《西京杂记》介于写实与虚构之间，我们无法从这一叙述中推断出汉武帝朝廷的审美趣味。它只表现了多个世纪后的一位作家所认为或想象的那种品位。此外，值得注意的是，在司马相如（约公元前179—公元前118年）关于新修上林苑的长赋《上林赋》中，他并未提及以上作为礼物的树木，也未提及梅。

据称，汉武帝与其臣子所作之《柏梁诗》中也提及了皇家园林里的梅，但其真实性已经受到质疑。

三、六朝时期（222—589 年）

因此，没有确切证据表明在六朝之前，中国已经对梅树的美学方面有了认识。在六朝这个个人主义升温和审美高度发达的时代，诗人开始被梅花的独特魅力打动，并创造了许多关于梅花的概念。正如中国文学中的惯例一样，这些概念一旦形成，就会被后世所有作家使用，其中有些被反复使用，以至于成为陈词滥调。

其中一个母题是作为感情信物赠予远方朋友或爱人的梅花。这似乎可追溯至以下写于约公元 5 世纪的故事：

陆凯与范晔①交善，自江南②寄梅花一枝，诣长安与晔，兼赠诗。

---

① 范晔（398—445 年），他的传记可以在《宋书》69.6b—23a 及《南史》33.4a—11a 中读到。他最为人所知的作品是《后汉书》。但是我尚未找到其朋友陆凯的信息。两个同名者的传记被收入了朝代史，但由于年代原因，他们不可能是此处的范晔：一个是吴国人，生于198年，卒于269年（见《三国志》61.3a—13a）；另一个是北魏人，卒于504年或505年（见《魏书》40.7a—8a）。

② 长江下游以南地区。

折花逢驿使，

寄与陇头 ① 人。

江南无所有，

聊赠一枝春。 ②

　　该首迷人的小诗被模仿了很多次，这并不奇怪。尤其别出心裁的是诗尾的奇喻"一枝春"，在常人所期待的"梅"处以"春"替代。短语"一枝春"成了"梅"的代名词及词牌名，后在词牌名的基础上又发展为同名曲牌。该故事在后世版本中出现时具备一个特点，即梅枝是从盛产梅树的长江下游以南送至梅树稀少的华北的朋友那里。以一首写作日期不详的匿名诗——《西洲曲》③ 开篇为例：

忆梅下西洲，

折梅寄江北。 ④

　　从上下文来看，这似乎是一位女子（也可能是男子）将梅枝赠予不在身边的配偶（或情人）；这条河很可能是长江，韦利则给出了不同解释。⑤

　　从上文看出，汉代皇家园林中种植了梅树。也许是由于华北地区梅树

---

① 　"陇头"字面意思为"平坦的山顶"。值得注意的是，"陇"经常指代甘肃和陕西的多山地带。

② 　《荆州记》，引自《太平御览》970.3a。我没有找到原始文本；收于《麓山精舍丛书》的六部《荆州记》残本（均源自公元 4—5 世纪）中也没有该文本。

③ 　《古诗源》12.12a–b 中，沈德潜认为该诗写于南齐（479—502 年），并注释称其他人认为写于晋朝（265—420 年）。

④ 　《乐府诗集》72.5b。

⑤ 　参考阿瑟·韦利的《西洲曲》译本。Arthur Waley, "Ballad of the Western Island in the North Country", *Translations from the Chinese,* New York, 1945, p. 95.

稀少，才导致它们被留作皇帝赏玩。然而，人们逐渐形成了一种观念，即梅树属于作为学者型诗人的乡绅，尤其是当其从俗世中退休、过上隐士生活之时。这种联系直至宋朝才成为下文所示的普遍文学现象，但最早至少可追溯至陶潜（约365—427年）时期。陶潜得到后世中国文人的钦佩和模仿，被奉为理想的隐士。人们通常认为他喜欢柳树和菊花，但他在柳树旁还种植了梅树，并在冬末欣赏梅花。因而，他在《蜡日》一诗中写道：

> 梅柳夹门植，
> 一条有佳花。①

此外，我们注意到，该处梅与柳的组合在后世文学中变为普遍现象。

六朝时期，围绕梅形成的另一个母题是落花的诗意象征。古往今来，很多国家的诗人都将褪色或凋落的花朵视为青春和美貌转瞬即逝的象征，并经常敦促世人趁尚有时间之时"摘花"。② 在中国，这一概念也经常在文学作品中得到表达，并可与任何一种植物或总体意义上的植物联系在一

---

① 《桃花源记》3.27b。该诗被本哈第（A. Bernhardi）和赞克（E. von Zach）译为德语，详见 "*Der Cha-Tag*", *Mitteilungendes Seminars für orientalische Sprachen* (Berlin), XVIII (1915), 213。

② 例如参见《所罗门的智慧》（*The Book of Wisdom*）："让我们在玫瑰花蕾枯萎之前为自己戴上花冠。"（Let us crown ourselves with rosebuds before they be withered.）该书被认为是由亚历山大犹太人于公元前1世纪所写。该主题的大多数西方版本源自一首无名拉丁诗，该诗作者首先被认为是维吉尔（Vergil），然后是奥索尼乌斯（Ausonius），而写作时间被认为是公元4世纪之后。该诗尾联为：

> 姑娘啊，采摘玫瑰吧，趁花朵还新，你的青春也正盛，
> 记住，你的人生也会这样匆匆而过

这就是赫里克（Herrick）名句"趁芳华未逝，及时采撷玫瑰"（Gather ye rose-buds whilde ye may）的来源。贺拉斯（Horace）著名的短语"及时行乐"（*Carpe diem*）也表达了同样的概念，其中未提到植物，但通过带有隐喻意味的"pluck"（采摘）一词突出地暗示了客体是植物。

起。[①] 然而，该概念逐渐与落梅产生了尤为独特的联系，尽管不是唯一的联系。有一种称为"梅花落"的乐府曲调和主题，据说起源于汉代之后的某个时期。[②] 一些唐宋作家隐晦地暗示该曲调和主题源于外国，[③] 但我尚未找到任何确凿的证据。如果该曲子是从国外传入的，那么可能是中国人用"梅花"替换了某些他们不太熟悉的植物名称。该曲子最初由长笛伴奏。[④] 可能正因如此，后世诗歌中的梅树经常与笛联系在一起。

现存最早的以"梅花落"为主题的乐府出自鲍照（约 415—466 年）。另一首由江总（519—594 年）所作，包含以下具有启发性的一联：

> 长安少年多轻薄，[⑤]
> 两两共唱梅花落。[⑥]

该联证实了一首以贺拉斯"及时行乐"为主旨、以落梅为主题的曲子很受欢迎。

《诗经》里的一首诗[⑦]，已经将时间的流逝与梅联系在一起——这可能

---

① 早期的例子是屈原（约公元前 300 年）《离骚》中的一联诗句：惟草木之零落兮，恐美人之迟暮。（《楚辞》1.7a）。《金缕衣》（《唐诗三百首》最后一首）也是经典案例。该诗中，女诗人杜秋娘（公元 9 世纪初）建议"惜少年时"，在花开宜折之时"折"花。该诗译文参见 Witter Bynner and Kiang K'ang-hu, "The Gold-Threaded Robe", *The Jade Mountain,* New York, 1945, p. 146。

② 参见吴兢（670—749 年）《乐府古题要解》（收于《学津讨原》第 20 集）1.14b–15b；郭茂倩（12 世纪），《乐府诗集》21.3b。

③ 参见段安节（公元 9 世纪）《乐府杂录》（《湖北先正遗书》本）10a；《乐府诗集》24.1a。

④ 参见《乐府杂录》10a；《乐府诗集》24.1a；程大昌（1123—1195 年）《演繁露》（收于《学津讨原》第 12 集）12.6a。

⑤ 都市青年在中国和在其他国家有着同样的声誉："长安轻薄少年"在中国文学中是俗语。关于该短语更早的案例，见《汉书》90.20b。

⑥ 《乐府诗集》24.2b。

⑦ 第 20 首。同上《摽有梅》。

是巧合，也可能不是巧合。但那是从梅树上掉落的果实，而非花朵。

另一个广受后世诗人追捧的梅母题起源于公元 5 世纪或 6 世纪，且以病原学相关轶事的形式出现，该轶事的虚构解释了所谓"梅花妆"的起源：

> 宋武帝女寿阳公主，人日卧于含章殿檐下，梅花落公主额上，
> 成五出花，拂之不去，皇后留之，看得几时，经三日，洗之乃落。
> 宫女奇其异，竞效之，今梅花妆是也。①

在六朝时期写梅的诗人中，何逊和萧纲两位诗人值得特别关注。

何逊（约 472—519 年）在中国文学中被誉为爱梅诗人的原型。该名声是分阶段获得的，具体可追溯如下。起初，何逊撰诗表达对扬州（位于今江苏）一株（或多株）开花梅树的赞美之情。② 该诗本身并不特别引人注目，但当得到唐代伟大诗人杜甫（712—770 年）的影射时，③ 便获得了声望，从而使人们注意到何逊是一位受梅启发的诗人。杜甫在诗的开头写道，裴迪从一棵梅树上获得了诗歌的灵感，"还如何逊在扬州"，该首诗与裴迪的一首诗相和。为了"解释"杜甫的这首诗，宋朝的一位作家盗用苏轼

① 《宋书》（作者沈约，成书于 488 年），引自《太平御览》970.1b。现存本《宋书》内容不全（试比较《四库全书总目》45.9a–b），其中未发现该则故事。无论原始本《宋书》是否包含该故事，可以肯定的是，该故事发生在公元 5 世纪初至 6 世纪末。原因：（1）它提及宋武帝；（2）公元 8 世纪的百科全书《初学记》仅援引隋朝前的书籍（参见《四库全书总目》135.3a），其中提及该故事，该故事并未包含在这里的两版《初学记》中（安国木刻本，1531 年；《古香斋十种》），但收于《唐类函》（俞安期编，申时行 1604 年作序）中的《初学记》182.13b。该故事被多次转述，例如在《演繁露》3.15a–b 中，含章殿被认为是洛阳（今河南省内）的一座宫殿。

② 《扬州法曹梅花盛开》，收于《何记室集》（录于《汉魏六朝百三家集》），参见 33b。

③ 《和裴迪登蜀州东亭送客逢早梅相忆见寄》，收于《杜诗详注》（上海：扫叶山房，1915 年）9.46a–47a。

（1037—1101年）的大名，①给杜甫做了离奇的注释。他编造了以下轶事，该轶事广泛传播，并据称由苏轼列入一本知名的注解版杜甫诗中：

> 梁何逊作扬州法曹，廨舍有梅花一株。花盛开，逊吟咏其下。
> 后居洛，思梅花，再请其往。从之。抵扬州，花方盛，逊对花彷
> 徨终日。②

事实上，何逊从未在扬州担任法曹，但他确实曾任刺史一职，并写下上文中的诗篇。③

萧纲（503—551年）是一位多产的作家，以其谥号"简文帝"广为人知。他现存的作品中有两首写梅的短诗，④并不是特别引人注目。然而，他写梅的一首赋⑤是中国文学史上首次对该主题展开全面阐述的作品，全文如下：

---

① 有关这些冒用苏轼名义给杜甫做的注释，参见王国维《宋刊〈分类集注杜工部诗〉跋》，收于《观堂别集甫遗》（录于《海宁王忠悫公遗书》，1927年，第一集），参见26b；以及洪业《杜甫引得》（哈佛燕京学社汉学指南系列，增刊14，北京，1940年），"序"，第vi-vii页。

② 有关这些冒用苏轼名义给杜甫做的注释，参见王国维《宋刊〈分类集注杜工部诗〉跋》，收于《观堂别集甫遗》（录于《海宁王忠悫公遗书》，1927年，第一集），参见26b；以及洪业《杜甫引得》（哈佛燕京学社汉学指南系列，增刊14，北京，1940年），"序"，第vi-vii页。

③ 参见《梁书》49.10b-11b和《南史》33.25a-b收录的何逊的传记。关于该问题，参见钱谦益（1582—1664年）对杜甫一首诗的注释，载于《杜诗详注》9.47a。钱还指出，何逊这首诗的现名（见上文《扬州法曹梅花盛开》）就是根据这件事而创造的。事实上，这首诗有一个简单的标题《咏早梅诗》，收于唐代百科全书：参见《初学记》（安国本，1531年）28.14b；《艺文类聚》（1587年木刻本，王元贞本）86.12b。

④ 《雪里觅梅花》和《春日看梅花》，收于《梁简文帝集》2.44b和2.48a。

⑤ 《梅花赋》，收于《梁简文帝集》1.13b-14a。这是我找到的现有最好的版本，因此在此基础上翻译。该赋的其他文本存在诸多不重要的变体，但有一处例外，参见下文。这些文本见《初学记》（安国本，1531年）28.14a-b；《艺文类聚》（王元贞本，1587年）86.13a-b，内容不全；《全梁文》（收于《全上古三代秦汉三国六朝文》，广州，1887年）8.8b-9a，基于前两个文本；以及《历代赋汇正集》（木刻本，1706年）124.1a-b。

层城之宫

灵苑之中 ①

奇木万品

庶草千丛

光分影杂

条繁干通

寒圭变节

冬灰徙筒 ②

并皆枯悴

色落催风

年归气新

摇云动尘

梅花特早

偏能识春 ③

---

① 《灵苑》让人想起周文王的"灵台""灵囿""灵沼"，其子周武王曾推翻商朝：见《诗经》第 242 首；《孟子》（收于哈佛燕京学社汉学指南系列，增刊 17，北京，1941 年）1A.2。

② 这是一种可追溯至汉朝的日历工具：将芦苇膜烧成灰，放入不同的律管中，以预测节候。参见《后汉书·志》1.23b–24a。

③ 这一想法令人想起何逊的诗句："兔园标物序，惊时最是梅。"但在这首赋的背景下有另一层意义：和日晷、冬灰徙筒一样，梅树也能预测节候。

或承阳而发金

乍杂雪而被银

吐艳四照之林

舒荣五衢之路

既玉缀而珠离

且冰悬而雹布

叶嫩出而未成

枝抽心而插故

摽半落而飞空

香随风而远度

挂靡靡之游丝

杂霏霏之晨雾

争楼上之落粉

夺机中之织素

乍开花而傍嶬

或含影而临池

向玉阶而结彩

拂网户而低枝 ①

于是重闺佳丽
貌婉心娴

怜早花之惊节
讶春光之遣寒

夹衣始薄
罗袖初单

折此芳花
举兹轻袖

或插鬓而问人
或残枝而相授

恨鬓前之太空
嫌金钿之转旧

顾影丹墀
弄此娇姿

---

① 　一些文本（《艺文类聚》《全梁文》《历代赋汇》）在此句后添加了两行在我看来是改写的诗句，原因有三点：一是它们在风格和内容上较突兀；二是其中包含的文学典故在这篇赋中没有呼应；三是它们所指的传统，即七言诗起源于汉武帝的《柏梁台》（试比较上文《柏梁诗》），而这一所指不可能是在唐朝前做出的，因为中国诗学中七言诗在唐朝时才获得显著地位。

018

洞开春牖

四卷罗帷

春风吹梅畏落尽

贱妾为此敛蛾眉

花色持相比

恒恐愁失时

这首赋值得更充分地讨论，但我们在此只做简要评论。

（1）这棵梅树在皇家庭院中被赋予了荣耀的地位，那里是普通大众无法进入的。在此背景下，作为太子而后登基为皇帝的萧纲显然延续了古老的传统，却忽略了以陶潜为代表的更现代的概念，即将梅花与学者型诗人联系起来。

（2）与其同时代的一些人及其后世很多诗人一样，萧纲将梅描绘为在所有树木中脱颖而出的树种，因为它在冬天开花，而其他植物都还在休眠状态，它的孤独之美在皑皑白雪的映衬下更加突出。

（3）在全诗前半部分，梅树是半人格化的。在对其精致外形、优美动作和优雅装饰的描写中，梅树被赋予了鲜明的女性特征。在全诗后半部分（自第33节起），焦点突然从梅树转移到一位佳丽身上——显然是一位宫闱佳丽，因为没有任何迹象表明视角离开了皇宫。这种转变并未损害全诗的统一性。此位佳丽与梅有着密切的联系：她欣赏梅花，采折梅枝，并用其装饰自己。诗人用优雅、精美和精致同时来形容女子和树。该佳丽自己也意识到了这种相似之处。在全书结尾处，她表达了忧虑之情，担心自己的青春和美貌会像梅花一样消逝，这正是落梅的主题。这种梅树和女子的近乎同一性预示着该母题在唐宋两朝的惊人发展。

（4）该首赋并没有描述一棵单独的树，也没有描述一种独特的梅树。更确切地说，它描绘的是理想的梅树，几乎是柏拉图式的。因此，文中没有提到区分不同种类梅树的特征，但有一处例外。中国的梅花有白色、红色、粉红色、黄色或淡绿色。在全诗第 28 行中，萧纲提到了白色，他选用"素"一词，该词也表示"朴素""不加修饰"之意，经常与仙女联系在一起。[①] 我认为，他在此处的目的并非单拎出开白花的梅树，而是想要揭示出一种特殊的女性美。这种美对他和后世诗人而言都是以梅为代表，即朴素的优雅，这与鲜艳的色彩和浓妆艳抹截然不同。

四、唐代（618—907 年）

在唐代大量关于梅的诗歌中，我们发现少有革新性的内容。相反，前一时期形成的概念和意象在此阶段得到了进一步的阐述与更广泛的采用。

其中一个概念是梅树与诗人的友谊。与陶潜一样，唐代著名诗人白居易（772—846 年）也在自家花园里种植了梅树。他的一首诗是这样开头的：

> 池边新栽七株梅。[②]

诗人对一棵梅树的眷恋在王维（约 701—761 年）的名诗中得以体现：

> 君自故乡来，
> 应知故乡事。

---

① 美国汉学家薛爱华（Edward H. Schafer）指出了该词的特殊含义之一，即"仙女之白"。参见 Edward H. Schafer, "Notes on a Chinese Word for Jasmine", *Journal of the American Oriental Society*, LXVIII (1948), 64。

② 《新栽梅》，收于《白香山诗后集》（录于《四部备要》）7.7a。

来日绮窗前，

寒梅著花未？ ①

在一首出自张籍（799 年进士及第）的精美诗歌中，其花园树上和地上的梅花传递出一种安静而纯粹的快乐：

自爱新梅好，

行寻一径斜。

不教人扫石，

恐损落来花。 ②

还有很多唐代诗人在自家花园里种植了梅树，并受到梅树的启发而创作诗歌。然而直到宋代，梅树与隐士在精神上的相似性才得到充分发展。

李群玉（808—862 年）的一首诗中含有一个看似相似但实则不同的概念：

山驿梅花

生在幽崖独无主，

溪萝涧鸟为俦侣。

行人陌上不留情，

---

① 《杂诗》，见《王右丞集》6.14a。该诗的一个较为意译的英译本参见《群玉山头》第 190 页，题为 "Lines"。在另一首极为相似的诗中，诗人询问一位来自家乡的旅人，自己的南窗下有多少菊花盛开。这首诗的名字是《问来使》，自 10 世纪以来，一直收于爱菊者陶潜的作品中。但有人认为该诗可能源自唐朝后期。（该诗及其评注，参见《陶渊明集》2.6b–7a；郭绍虞《陶集考辨》，收于《燕京学报》1936 年第 20 期，第 28 页）。因此，该诗极有可能是王维诗的仿作，而不是王维的代表作。

② 《梅溪》，收于《张司业诗集》5.1a。

愁香空谢深山雨。①

在此诗中，这棵美好的梅树因处隐蔽之地而无人问津，其美丽也被荒废了。这里暗喻的并非主动避世的"隐士"，而是受到冷落的学者，其才能未被当权者所利用。

在唐末崭露头角的一个独特母题是梅树的女性气质。如果我们讨论的是古希腊或古罗马神话，那么树的灵魂当然是女性，正如希腊和拉丁语法中所有树的名字都是阴性一样。但在这方面，中国人的信仰几乎和中文的语法一样公正：某些树被赋予了男性特征（例如松树和竹子），而另一些树则被认为拥有女性气质。

在上文的一些诗歌中，我们已经看到了有关梅树与女子关联的暗示：在《诗经·召南·摽有梅》中，女孩凝视着掉落的梅子并将其捡起；在《西洲曲》中，或许是一位女子折下已经开花的梅枝并赠予他人；在有关寿阳公主的故事中，梅花与一位佳丽及女性的妆容联系起来；在萧纲的《梅花赋》中，我们发现了梅树与宫闱佳丽之间醒目的平行关系。

从公元 9 世纪开始，曹邺（公元 9 世纪中叶人）作《梅妃传》②。该故事聚焦唐玄宗（712—755 年）皇帝传说中的妃子，其历史依据不足或缺失。但对此研究而言，该故事十分重要，因为它把一位女子描绘成梅树的灵魂和化身。这在整篇传记中都很明显，不论是女子的名字、描述她的方式还是她与宫苑梅树之间建立的各种联系。正因如此，她在传记中得名"梅妃"：

---

① 《山驿梅花》，收于《李群玉诗合集》4.5a。

② 收于《龙威秘书》第四集。爱德华兹（E. D. Edwards）曾将其译为英文版，收于 *Chinese Prose Literature of the T'ang Period*, London, 1937/38, II, pp.114–120。

性喜梅，所居栏槛，悉植数株，上榜日"梅亭"。梅开，赋
赏至夜分，尚顾恋花下不能去。上以其所好，戏名日"梅妃"。

除了称呼她为梅妃，皇帝还戏称其为"梅精"。在描述她的外表时，
《梅妃传》使用了与拟人化梅树完全相同的术语，如本文其他地方所示：

淡妆雅服，而姿态明秀……

《梅妃传》结尾提到，安史之乱后，玄宗皇帝从四川回京，发现梅妃
的尸体被埋在一棵梅树下。

五、宋代（960—1279 年）

在宋代，以梅为灵感的诗歌达到了发展的巅峰。在乡间家中种植梅树
或者在梅园附近居住成为诗人的风尚，因而梅出现在他们的许多文学作
品中。

上文陶潜及唐代的诗歌中暗示了梅树与隐士的友谊，而这种友谊在宋
代成为一种广受认可的观念。宋代作家乐于指出拟人化的梅树和隐士之间
的相似之处。他们解释称，梅花在冬天开花（从时间上看）与其他开花植
物截然不同，正如隐士（在空间上）远离混乱的宫廷和城市生活一样。两
者都是纯洁而精致的，都超越了尘世的庸俗。杨万里（1127—1206 年）以
直接比较的形式表达了这一思想：

林中梅花如隐士，

只多野气也无尘。①

　　林逋（967—1028年）是一位典型的爱梅隐士。他创作了一些精致的诗歌，②描写在昆山（杭州附近）小岛隐居时种植的梅树。③在那里，他过着完全孤独的生活，终生独身。据说他以梅树为妻，以鹤为子（梅妻鹤子）。④梅树与鹤的联系在下文中还将探讨。但在当下语境中，该隽语值得关注之处在于其结合了两个母题：作为隐士伴侣的梅树及作为女子的梅树。

　　第二个母题在罗浮山（今广东）赵师雄的故事中得到了充分阐述，也是最后一次阐述，罗浮山自古以各种鬼魂出没而闻名。⑤目前，该故事最古老的版本如下：

　　　　隋开皇中，赵师雄迁罗浮。一日天寒日暮，在醉醒间，因憩仆车于松林间，酒肆旁舍，见一女人，淡妆素服，出迎师雄。与语，但觉芳香袭人。至酒家共饮，有绿衣童子，笑歌戏舞。师雄醉寐，但觉风寒相袭，久之东方已白，师雄起视，乃在大梅花树下。上有翠羽啾嘈相顾，月落参横，但惆怅而尔。⑥

---

① 《郡治燕堂庭中梅花》，收于《诚斋集》12.7a。（该版本中，第二句诗为"只多野气无尘气"）

② 参见林逋诗集《林和靖先生诗集》。

③ 值得注意的是，白居易也曾赞美过昆山的这些梅树（参见他的诗《忆杭州梅花因叙旧游寄萧协律》，收于《白香山诗后集》（收于《四部备要》6.8a），但它们是因林逋而得名，在此后的文学作品中，人们把它们和林逋，而不是白居易，联系在一起。

④ 《诗话总龟》（阮阅1123年编），引自《佩文韵府》（《万有文库》本，上海：商务印书馆，1937年）8.345a等。我在现存《诗话总龟》本中没有找到这句短诗。）

⑤ 陈琏《罗浮志》（1410年或1411年初完成；收于《岭南遗书》第三集第4、5卷。）

⑥ 《龙城录》，引自《集注分类东坡先生诗》14.19b。现存《龙城录》本中内容有一些不同（例如《稗海》本2.4a–b），我更倾向于12世纪的这个版本。

该故事摘自《龙城录》一书，是唐代著名作家柳宗元（773—819年）的作品，直至12世纪才被收入柳宗元的作品集中，在此之前也没有任何相关记载。[①] 在同一世纪，两位文学家何薳和朱熹（1130—1200年）认为该故事是伪造的，而且都认为其真正的作者为王铚（12世纪上半叶人）。[②] 至今，作者的身份仍然不确定，[③] 但我认为可以根据刚才引用的故事来推断大致的写作日期。早在12世纪，朱熹便指出，《龙城录》中的故事是为了"说明"或"解释"某些文学段落而虚构的。[④]《四库全书》目录的编辑从《龙城录》中引用了两个具体的案例。[⑤] 其中一个故事与韩愈（768—824年）的一首诗一致，另一个故事则是上文译出的赵师雄的故事，编辑认为该故事是为了解释苏轼（1037—1101年）的诗句："月下缟衣来扣门。"[⑥] 然而，他们似乎忽略了苏轼诗集里的另一首诗，[⑦] 该诗与以上梅仙故事的关联要密切得多。此处引用写于1095年1月的这首诗，[⑧] 因为它可用于确定故事的起源和《龙城录》的创作日期：

　　　　罗浮山下梅花村，

　　　　玉雪为骨冰为魂。[⑨]

---

① 参见《四库全书总目》144.1a。为与方崧卿所编韩愈文集相媲美（参见《直斋书录解题》16.15a，江苏书局本，1883年），葛峤编纂柳宗元文集，其中首次收录《龙城录》。由于方的序（引自《皕宋楼藏书志》，木刻本，1883年）所注年份为1189年，葛的柳集一定在之后完成。但是在葛复刊《龙城录》前，该书一定留传多年。

② 参见何薳《春渚纪闻》（1141年后完成；收于《学津讨原》本第15集）5.3a；《朱子语类》（应元书院本）138.2a。

③ 试比较爱德华兹的 Chinese Prose Literature of the T'ang Period, I, 144/14。

④ 试比较大约同时期虚构的"解释"杜甫诗歌的故事。

⑤ 参见《四库全书总目》144.1a。

⑥ 引自《十一月二十六日松风亭下梅花盛开》一诗，收于《集注分类东坡先生诗》14.19a。

⑦ 题为《再用前韵》，前引 14.19a–20a。

⑧ 参见前引《东坡纪年录》，参见 29b。

⑨ 这里的"玉""雪""冰"不仅代表梅花盛开的寒冷季节，还代表盛开梅花的洁白和纯洁。

纷纷初疑月挂树，

耿耿独与参横昏。

先生索居江海上 ①，

悄如病鹤栖荒园。

天香国艳肯相顾，

知我酒熟诗清温。

蓬莱宫中花鸟使 ②，

绿衣倒挂扶桑 ③ 暾。

抱丛窥我方醉卧，

故遣啄木先敲门。

麻姑过君急洒扫，

鸟能歌舞花能言。

酒醒人散山寂寂，

惟有落蕊黏空樽。

毫无疑问，该诗和以上故事之间有一种"亲缘关系"。苏轼不可能是模仿者，因为那样的话，他一定会依照惯例影射赵世雄及他与梅仙的相遇。唯一可能的结论是，以上故事是为了"解释"该诗而写的。的确，以上故事立即被用于其创作的目的：在该诗来源诗集版本中，以上故事被插入苏轼诗歌的注释中。这个由王十朋（1112—1171 年）纂辑的版本不仅提供了故事的早期版本，而且是最早引用《龙城录》的文献之一。综上所述，《龙城录》绝不是柳宗元的作品，它一定是写于 1095 年（苏轼写诗的时间）与

---

① 意即独居，远离人群。

② 唐玄宗在位期间的一名官员，负责在全国网罗美艳女子，送入皇宫。

③ 扶桑，一种神奇的树，据说来自太阳升起的地方。

1171 年（王十朋去世之年）之间。①

因此，在苏轼的诗中，可以清楚地看到梅仙神话故事的构成元素。围绕这些元素，故事的作者构建了一个香艳情节，彻底改变了原作伤感的诗意精神。拟人手法在苏轼诗中只是模糊暗示，而在故事中则发挥到了极致。他对诗中某些隐喻表达，如"绿衣"和"鸟能歌舞花能言"，做了文学化的处理，将梅树变成了仙女，将绿鸟变成了男孩。从历史维度来看，将梅树变成迷人的仙女是梅作为女性之母题的最后一个发展阶段，它终结了该母题在以上数个世纪的发展史。

在宋朝，对梅的赞美成为一种名副其实的崇拜。诗人不仅从梅花上获得创作灵感，而且几乎沉醉于梅花的外表、香气甚至味道。还有些诗人提到了嚼梅花。② 刘翰（12 世纪）用这一母题来描述和象征诗歌创作：

小窗细嚼梅花蕊，
吐出新诗字字香。③

---

① 早期提及《龙城录》的另一处（除上文提及的两处）是庄季裕《鸡肋编》（收于《琳琅秘室丛书》）。庄季裕认为它是柳宗元的作品。《鸡肋编》一定完成于 1187 年或之后，因为它提及这一年去世的宋高宗；不可能太晚于 1187 年，因为作者提及自己于绍圣年间（1094—1097 年）看到的事物（3.44b）。《四库全书总目》的编者指出（141.6a-b），虽然作者序的时间显示为 1133 年，但书籍本身讲述的是 1139 年发生的事；他们未注意到提及宋高宗之处，而这些地方将该书最早可能完成的年份推迟了 48 年。

② 试比较一个早期的先例，即屈原《离骚》中的一句诗——"夕餐秋菊之落英"（《楚辞》1.12b）。

③ 引自《小晏》，收于《小山集》（录于《南宋六十家集》本，古书流通处重印汲古阁木刻本），参见 1b。从这两句诗的第二句来看，元朝诗人郭豫亨以梅花命名自己的诗集，即《梅花字字香》（作者序的年份为 1312 年；收于《琳琅秘室丛书》），并非像《四库全书总目》的编者（167.3b-4a）所理解的，源自晏几道的这句诗"唱得红梅字字香"。（参见晏几道的词，其中包含这句诗，收于《小山词》，录于《宋六十名家词》，《国学基本丛书》，上海：商务印书馆，第 20 页。）《四库全书总目》的编者似乎忽略了这一事实：刘翰的诗是郭《梅花字字香》后集中的第一首诗。他们还错误地将晏几道的诗理解为其父亲晏殊所作。

该联非凡的诗句表达了肢体接触和艺术灵感的奇妙融合：梅花变成诗句，花香变成诗句的甘美。我们兜了一圈，回到原点：起初人们珍视梅树的果实，后来人们忘记了它的果实，取而代之的是它的花朵，[①]现在人们把它的花朵当成果实来咀嚼。

在宋朝及后世朝代中，聚焦梅的诗歌数量巨大，其中包括这些时期某些最知名作家所创作的许多优秀诗歌。然而，概念方面总是老生常谈。无论在意象还是形式上，对于既定模式的遵从都常常走向了极端。诗人经常会写与旧诗同质化的作品，在主题、诗歌形式和押韵方面重复——这种古老的做法称为"和"。[②]他们也会在集句中把不同旧诗的不同诗行串在一起，[③]这样做要么是由于缺乏灵感，要么是为了展示技艺和学识，要么是为了表示对他人作品的尊重。

难怪，当梅之主题热度升温却变得越发矫揉造作时，该话题开始得到批判性的分析。因此，从 11 世纪至 13 世纪起，专门研究梅的专著和其他作品大量涌现。其中之一是佛教僧人仲仁的《华光梅谱》[④]，据说他是墨梅画的鼻祖。这部作品探讨了画梅的技巧，并对梅各个部分和方面所对应的形而上学的内容展开了深奥的思索。

范成大（1126—1193 年）的《梅谱》[⑤]本着细腻鉴赏的精神系统列举和描述了各种梅树，他也向我们展示了那个时代有条不紊而又高度敏感的

---

① 然而，应切记：中国诗人歌颂的许多梅树本身不结果实，这也许既是人们咀嚼花朵的原因，又是结果。

② 例如沈从吉曾写过 800 首有关梅的诗，与前人所写的 800 首梅花诗相和；参见其友人杨万里（1127—1206 年）为此书作的序，收于《诚斋集》79.7a–8b。这篇序中的许多句子恰好精妙地总结了梅花诗的历史。

③ 例如参见李龏有关梅的四行诗集——《梅花衲》（作者编后记年份为 1242 年；收于《南宋六十家集》）。有关梅的八行诗的一个例子是郭豫亨的《梅花字字香》。

④ 收于《美术丛书》第二册第五部分。我没有找到作者的准确年份，但根据此书的序，他是著名诗人黄庭坚（1045—1105 年）的友人。

⑤ 收于《百川学海》。

天才形象。

　　对文学专业的学生而言，12世纪另一位好梅者——张镃的《梅品》也特别有趣。它列出了梅花的"宜称""憎嫉""屈辱"。梅被拟人化了，时而是一位女子，时而是一位理想的诗人，时而是作者本人。"宜称"部分罗列了一连串与梅相关的具有启发性的现象和母题，内容如下：

　　为澹阴；为晓日；为薄寒；为细雨；为轻烟；为佳月；为夕阳；为微雪[①]；为晚霞；为珍禽；为孤鹤[②]；为清溪；为小桥；为竹边；为松下[③]；为明牕；为疏篱；为苍崖；为绿苔；为铜瓶；为纸帐；为林间吹笛[④]；为膝上横琴[⑤]；为石枰下棋；为扫雪煎茶；为美人澹妆簪戴。

　　对于该清单中的每个项目，我们都可从有关梅的诗歌中轻松地找到诸多例证。我们注意到"澹""薄""轻""小"等形容词得到了强调。与该趋势相协调的是，这里（见清单最后一条）及其他地方与梅有关的女子在穿着和化妆方面总是朴素而精致。"素"和"淡"是被反复用于描述她们着装和化妆的形容词，意指"温和的""朴素的""苍白的""克制的""精致的"。

　　宋代聚焦梅的著作中最引人注目的是宋伯仁所著《梅花喜神谱》（第

---

①　这三个元素可见于赵师雄的故事。

②　我们也许记得，据说陪伴林逋的仅有梅树与鹤。

③　松、竹和梅的联系（后来称为"岁寒三友"）普遍见于宋代后期的文学作品中。第一位将梅与松、竹联系起来的可能是朱庆馀（公元826年进士及第）的两句诗：堪把依松竹，良涂一处栽。

④　梅和笛的联系参见上文。

⑤　一种七弦琴。

一版出版于 1238 年）。[1] 它以图画和诗句的形式展示了梅花从首个萌芽到最后一片花瓣凋落的 100 个发展阶段，每个阶段都配有一个名字。[2] 宋伯仁的木刻作品清新多样，令人愉悦，但他的诗歌大多是造作而平庸的。至此我们见证了一种新体裁的兴起和衰落。

自彼时起直至今天，梅一直是中国抒情诗中最受欢迎的主题，但没有产生新的发展，绘画领域除外。正如姜夔（约 1155—1221 年）在一首关于梅的词中写道：

> 等恁时、重觅幽香，
> 已入小窗横幅。[3]

【点评】

这篇文章的创新之处主要体现在两方面。首先，作为英语世界引领"梅花文学"专题研究的先驱，傅汉思对"梅花文学"的发展脉络进行了详尽梳理，对"梅"之母题变体及其多重含义进行了系统归纳。其次，作为美国汉学界率先涉足中国文学纯文学研究的学者，傅汉思勇于突破传统研究框架，创造性地引入了西方文学中的母题概念作为分析工具，对中国文学传统进行了深入细致的剖析。这一独特的研究路径不仅促进了中西文学理论的交流与对话，更为人们理解中国文学的深层结构与美学特质开辟了新的学术途径，展现了跨文化研究的广阔前景与深远意义。

在这篇文章中，傅汉思深入剖析了"梅"这一母题在中国文学史上跨越千年的丰富含义，展现了其深厚的文献功底与敏锐的学术洞察力。傅汉

---

① 收于《续古逸丛书》第 46 册。

② 其中一些名字似乎是作者有意创造的，其他一些是已有的名字。

③ 《疏影》，收于《白石词》（录于《宋六十名家词》），第 2 页。

思的研究没有局限于诗歌表面的象征意义，而是深入中国文学史的维度，细致入微地揭示了"梅"丰富的母题含义，包括感情信物、思乡寄托、君子与隐士象征、诗人心灵伴侣、女性气质的化身、青春与美丽转瞬即逝的哀叹、仕途坎坷的隐喻。其中，"落梅"的母题含义在六朝时期固化。晚唐时期，梅花母题的女性主义含义凸显。及至宋朝，梅花与隐士的隐喻关系广受认可。

在阐释各阶段的母题和母题含义时，傅汉思译介了相关的"梅花诗"作为例证。他尤其聚焦于"文人的陪伴"和"女性气质"两大母题，通过详尽的文献梳理与深入解读，展现了梅花如何从自然界的景物转变为文人精神世界不可或缺的一部分，以及它如何被赋予了细腻温婉、高洁自守的女性化特质。据他研究，"文人的陪伴"这一母题源于六朝，发展于唐朝，在宋朝时广受认可。"女性气质"这一母题在唐朝前已有涉及，在唐朝晚期开始凸显，直至宋朝得到充分诠释。

尤为引人注目的是，傅汉思对林逋"梅妻鹤子"典故的解读，这一独特视角不仅凸显了梅花作为文人精神伴侣的深刻内涵，还巧妙地将"文人的陪伴"与"女性气质"两大母题融为一体，展现了梅花意象的复杂性与多维性。这种解读方式不仅体现了傅汉思对中国传统文化深刻而细腻的理解，也反映了他个人情感与艺术追求在学术研究中的自然流露。

从更深层的意义上来看，傅汉思对梅花母题的持续关注与深入研究，背后隐藏着他对中国传统文人精神的共鸣与传承。

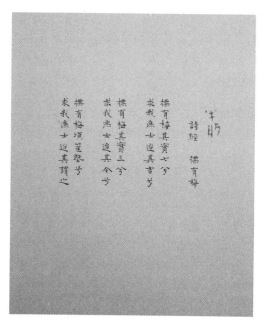

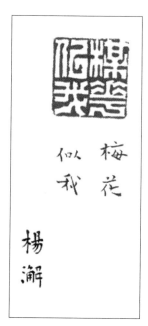

张充和手书《诗经·摽有梅》

张充和收藏用印"梅花似我"

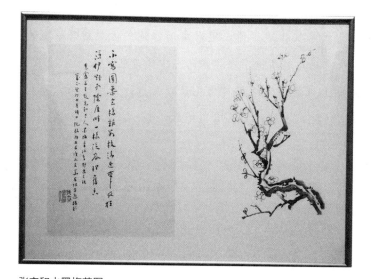

张充和水墨梅花图

唐诗中对过去的思索

傅汉思

【导读】

译作原文刊载于 1973 年由剑桥大学出版社出版的《唐代研究会议论文集》（*Conference on T'ang Studies*），第 1 页至 26 页，原题目为 "The Contemplation of the Past in T'ang Poetry"。

傅汉思的中国诗学研究主要集中在表达化用、古诗主题、古诗文体、诗学元素等方面。我们将要读到的这篇文章就是傅汉思对怀古诗这一诗体的探索。他的怀古诗研究丰富了西方读者对中国古诗的认知，其中亦不乏超越中国古诗本体研究的创见，值得中国学者学习和借鉴。在阅读文章前，我们先大致了解一下怀古诗的基本概况。

怀古诗是中国古诗中的一种，主要以历史事件、历史人物、历史陈迹为题材，借登高望远、咏叹史实、怀念古迹以达到感慨兴衰、寄托哀思、托古讽今等目的。这类诗由于多写古人往事，且多用典故，手法委婉。怀古诗往往是诗人处于某种背景之下，前往瞻仰或凭吊历史古迹，回顾古人的业绩或遭遇，内心产生共鸣，不禁发出对古人业绩的慨叹或抒发对物换星移、物是人非的悲哀之情。因此，感情基调一般都比较苍劲悲凉。比较有名的怀古诗人有刘禹锡、李商隐、杜甫、杜牧等。他们书写的怀古诗大多脍炙人口，如刘禹锡的"旧时王谢堂前燕，飞入寻常百姓家"、李商隐的"如何四纪为天子，不及卢家有莫愁"、杜甫的"出师未捷身先死，长使英雄泪满襟"、杜牧的"一骑红尘妃子笑，无人知是荔枝来"等。傅汉思在文中也引用了不少这些诗人的名篇，接下来我们一起来欣赏傅汉思的这篇文章。

中国文人与印度等其他国家的文人不同，向来具有强烈的历史情怀。中国抒情诗中常常出现历史事件和历史人物，这也是众所周知的事实，并不足为奇。但鲜为人知的是，中国抒情诗对往事的追忆在某种程度上具有特定模式。本文旨在阐述唐诗中怀古诗的创作模式，而这一诗体在当时已经确立。

在下面第一个例子中，我们会发现一些特点，但它们之间的关联还没有那么一目了然。

《与诸子登岘山》

孟浩然（约 689—740 年）

人事有代谢，
往来成古今。
江山留胜迹，
我辈复登临。
水落鱼梁浅，
天寒梦泽深。
羊公碑尚在，
读罢泪沾襟。

这首诗的复杂之处部分在于：它在两个不同的时间维度上转换。一方面，它记录了人生的瞬时体验：诗人和朋友共登岘山，登高望远，有感于羊公碑；另一方面，诗人、朋友和羊祜都是历史长河中的一环，受制于历史更迭交替的永恒规律。从大维度到小维度的转换发生在诗的中间部分，即第四句——"我辈复登临"。"我辈复"从大的维度讲，是指诗人和同时代的人在世代更迭中登上历史舞台；从小的维度讲，是指他们像前人一样在这天游览风景名胜。"登临"在叙事语境中是指登上山顶向下俯瞰。在哲思层面，它意味着超越此时此地，回望过去。在本文之后的论述中，"登高"与"怀古"间的主题关联将变得更加清晰。

诗人同时使用了两个时间维度，从而将山置于双重视角中：它既代表当下的游览对象，又代表自然在人类瞬息万变中的永恒（第 1 ~ 3 行），传承过去，开创未来（第 3 行）。

这首诗的另一个复杂之处在于对羊祜（221—278 年）的描写，羊祜是一位为朝廷建功立业的杰出官员，在地方享有美誉。这里要引用《晋书·羊祜传》里的一段话，因为它与这首诗有关：

> 祜乐山水，每风景，必造岘山，置酒言咏，终日不倦。尝慨然叹息，顾谓从事中郎邹湛等曰："自有宇宙，便有此山。由来贤达胜士，登此远望，如我与卿者多矣！皆湮灭无闻，使人悲伤。如百岁后有知，魂魄犹应登此也。"湛曰："公德冠四海，道嗣前哲，令闻令望，必与此山俱传。至若湛辈，乃当如公言耳。"……襄阳百姓于岘山祜平生游憩之所建碑立庙，岁时飨祭焉。望其碑者莫不流涕，杜预因名为堕泪碑。[①]

我们现在可以看到，孟浩然的诗在很大程度上是对这段话中五个观点的重新阐述：（1）登岘山的游人络绎不绝；（2）周围景色甚美；（3）山的永恒与人的短暂形成鲜明对比；（4）羊祜因其崇高的品德在世间永存，

---

① 《晋书》（百衲本），34.5a、6b；萧继宗引用，第 65-66 页。杜甫是羊祜的朋友。

而其他人将被遗忘；（5）羊祜的"叹息"预示着后人会睹碑生情，潸然泪下。然而，这五个观点在诗中展示出新的意义，因为它们被赋予了现实的活力。孟浩然和友人亲身体会到羊祜与同僚的快乐，他们看到羊公碑后忍不住泪湿衣襟。这并不是传统意义上的俗笔，而是作者真正意识到，自己与羊祜这样的美德典范相比仍存在差距。

在结束孟浩然的诗歌之前，我们有必要回顾一下其他唐诗中与追忆往事有关的六个主题：（1）登高；（2）望远与怀古；（3）江山永存与生命短暂的对比；（4）对历史人物和历史古迹的提及；（5）对自然景色的描述（孟诗第5～6行）；（6）眼泪。

下面这首诗体现了以上所有主题，只是没有提到具体的历史人物。

万岁楼

王昌龄（约698—757年）

江上巍巍万岁楼，

不知经历几千秋。

年年喜见山长在，

日日悲看水独流。

猿狄何曾离暮岭，

鸬鹚空自泛寒洲。

谁堪登望云烟里，

向晚茫茫发旅愁。

在这里，我们注意到了山川与河流的主题。虽然两者都是大自然中恒久不变的意象，但正如前一首诗中已经提到的，王昌龄将山峦的岿然不动与河流的奔流不息进行对比。这首诗进一步表达了人类对自然环境双重性的情感反应：他既欣喜于自然环境的永恒，又对时间的无情流逝感到不安，时光一去不复返。

在这首诗中，我们又遇到了两个经常与时间流逝联系在一起的主题："秋天"和"黄昏"，它们让人联想到终结和衰落。"年年"和"日日"（第 3 ～ 4 行）并列，进一步强调了岁月和每日时光流逝之间的对应关系。

"空自"（第 6 行）也体现出这一诗体的特点。

日落景象出现在下一首诗的句首，这首诗专门谈论了时间的破坏力。

古悠悠行

李贺（790—816 年）

白景归西山，

碧华上迢迢。

今古何处尽，

千岁随风飘。

海沙变成石，

鱼沫吹秦桥。

空光远流浪，

铜柱从年消。

"秦桥"（第 6 行）指的是秦始皇在青城山修建的一座石桥，延伸入海三十里。"铜柱"（第 8 行）是汉武帝在长安附近建造的，用来支撑仙人铜像。仙人铜像手持仙丹，接天上降下的仙露。因此，李贺认为，即使是汉武帝的长生不老之器也会受到时间的侵蚀，就像另一位伟大帝王的石桥在时间的摧残下变得如此残破，以至于最脆弱的"鱼沫"也能使其倒塌。

值得注意的是，李贺从空间的角度诠释了时间的浩瀚："今古何处尽。"同样，他将时间的流逝视觉化为空间运动："千岁随风飘。"时间在历史长河中的永恒流逝也成为下首诗关注的焦点。

代悲白头翁

刘希夷（约 651—680 年）

洛阳城东桃李花，
飞来飞去落谁家？
洛阳女儿惜颜色，
坐见落花长叹息。
今年花落颜色改，
明年花开复谁在？
已见松柏摧为薪，
更闻桑田变成海。
古人无复洛城东，
今人还对落花风。
年年岁岁花相似，
岁岁年年人不同。
寄言全盛红颜子，
应怜半死白头翁。
此翁白头真可怜，
伊昔红颜美少年。
公子王孙芳树下，
清歌妙舞落花前。
光禄池台文锦绣，
将军楼阁画神仙。

一朝卧病无相识，

三春行乐在谁边？

宛转蛾眉能几时？

须臾鹤发乱如丝。

但看古来歌舞地，

唯有黄昏鸟雀悲。①

在这里，和中国抒情诗中常见的情况类似，人的境况被比作花树，并与之形成鲜明对比。两者的共同之处在于美丽终将衰竭，不同之处在于花树每年都能重焕生机，而人注定要不断衰老。因此，在怀古诗的语境中，"花"是寓意变化与永恒、衰败与新生的意象：

年年岁岁花相似，

岁岁年年人不同。

过去与现在的对比也在白头翁的形象中得到呈现。《代悲白头翁》是一首古乐府诗，它还进一步突出了保存完好的古迹（"洛阳城"第1和9行；"歌舞地"第25行）和衰老（第3、5、21～24行）、故去（第6、12行）的人之间的对比。在唤起对昔日辉煌（第16～20行）的回忆后，作者抒发了遗迹孑然独立"但看……"（第25行）和快乐一去不返的忧郁之情"唯有……"（第26行），而这也是怀古诗歌特定的创作模式。

这些对遗迹昔日辉煌的描写可能成为整首诗的焦点，例如下面这首诗：

---

① 参见简野道明（Kanno Dōmei）编的《唐诗选详说》（*Toshi sen shosetsu*），1929年第一版，第93-98页。这首诗的作者并不十分确定，也有人认为是宋之问（约663—712年）。

玉华宫

杜甫（712—770 年）

溪回松风长，

仓鼠窜古瓦。

不知何王殿，

遗构绝壁下。

阴房鬼火青，

坏道哀湍泻。

万籁真笙竽，

秋色正萧洒。

美人为黄土，

况乃粉黛假。

当时侍金舆，

故物独石马。

忧来藉草坐，

浩歌泪盈把。

冉冉征途间，

谁是长年者。①

玉华宫建于公元 646 年，是大唐第二位皇帝唐太宗所建。杜甫自称不知道玉华宫的历史（第 3 行），这很可能是有意为之，目的是强调人类衰

① 仇兆鳌编：《杜诗详注》，上海：扫叶山房，1915 年，5.26a–27b；Erwin von Zach trans., *Tu Fu's Gedichte*. Cambridge, Mass., 1952. (Harvard-Yenching Institute Studies VIII.), III 47；Robert Payne ed., *The White Pony*. New York, 1947, pp.236–237；William Hung, *Tu Fu: China's Greatest Poe*t. Cambridge, Mass., 1952，p.114.

败的普遍性。这一点洪业（William Hung）也有所提及。[1] 在这首诗中，废墟与秋天阴郁的气氛联系在一起（我们在上面王昌龄的诗中也看到了这一主题），最后又与诗人和其他游子的命运联系在一起。

虽然杜甫在此有意忽略了玉华宫的历史，但他仍再现了它的过去，并将其往日的辉煌与今昔的衰败并置对比。下面这首诗也采用了这种并置手法。

汴堤柳
王泠然（692—725 年）

隋家天子忆扬州，
厌坐深宫傍海游。
穿地凿山开御路，
鸣笳叠鼓泛清流。
流从巩北分河口，
直到淮南种官柳。
功成力尽人旋亡，
代谢年移树空有。
当时彩女侍君王，
绣帐旌门对柳行。
青叶交垂连幔色，
白花飞度染衣香。
今日摧残何用道，
数里曾无一枝好。

---

①   William Hung, *Tu Fu: China's Greatest Poet*. Cambridge, Mass.1952, p.110.

驿骑征帆损更多，

山精野魅藏应老。

凉风八月露为霜，

日夜孤舟入帝乡。

河畔时时闻木落，

客中无不泪沾裳。[①]

　　诗人对他所再现的过去持矛盾态度。他同情贪图享乐的隋炀帝（604—618年在位），但也谴责庞大的运河工程给人民带来的苦难（第7～8行）。如今的"摧残"局面（第13行）不仅是岁月流逝的必然结果，更是隋炀帝残暴恶行的代价。甚至连隋炀帝下令栽种的柳树（第6行、第14行）也出现了衰败的迹象，它们似乎承受着与隋炀帝同样的罪过，"树空有"（第8行）。季节恰好是秋天（第17行），而思乡的游子最能感受到这一场景的悲凉（第20行）。这与前面（第3～6行、第9～12行）隋炀帝游玩时的欢乐景象截然不同。

　　在接下来的几首诗中，对历史遗迹的探访唤起了人们对过去历史的回忆。

登古邺城

岑参（约715—770年）

下马登邺城，

城空复何见。

东风吹野火，

────────────

①　《唐人选唐诗》，上海：中华书局，1958年，第520页。

暮入飞云殿。

城隅南对望陵台，

漳水东流不复回。

武帝宫中人去尽，

年年春色为谁来。[①]

邺城（在今河南）曾是曹操（155—220 年）的封地。他死后，这座城市成为魏朝的都城之一。"魏武帝"是曹操的谥号，公元 220 年，他的儿子曹丕建立魏朝。

我们注意到，这首诗中的几个意象在之前的诗歌中已反复出现多次。诗歌以登高开篇（第 1 行），大河东去不复返（第 6 行），只剩下一座空城（第 2 行），景色荒凉（第 3 行），昔人已去（第 7 行），昔日见闻化为云烟（第 2 行），只剩下一座陵墓（第 5 行），即曹操的坟墓。春色依旧，但人事已非，春色也付之流水（第 8 行）。"风"（第 3～4 行）具有多重功能。它是大自然的永恒存在，像春天一样，也像河流一样，不停运动。通过风，诗人将现在（第 3 行）与过去（第 4 行）对比，表现时间流逝带来的变化与毁灭。这让我们想起李贺的那句诗："千岁随风飘。"

在下面这首诗中，一处景色唤起了对多段历史的回忆。

登金陵凤凰台

李白（701—762 年）

凤凰台上凤凰游，

凤去台空江自流。

---

① 参见简野道明 (Kanno Dōmei) 编的《唐诗选详说》（*Toshi sen shosetsu*），第 158–160 页。

吴宫花草埋幽径,

晋代衣冠成古丘。

三山半落青天外,

二水中分白鹭洲。

总为浮云能蔽日,

长安不见使人愁。①

　　金陵（今南京）是南朝的都城，诗中提到了其中的前两个朝代——吴和晋。此外，开头诗句还提到了南朝第三个朝代宋。元嘉年间（424—453年），凤凰曾翔集于此，被称作祥瑞。

　　与本文开篇孟浩然的诗歌一样，该诗倒数第二联（第5～6行）以当下景色的描述打断过去的沉思。但孟诗中的描述缺乏历史联想，李白的诗则将眼前景色与对过去的缅怀彻底融为一体。从第2行开始，每一行的谓语顺序都是一致的："去""空""自流""埋""成""半落""中分""蔽""不见"。最后一句明确表达了对"不见"的哀叹，这种哀叹贯穿整首诗，适用于"凤凰""吴宫花草""晋代衣冠""太阳"和"长安"等。它们不可见的原因有很多，有些与时间有关，有些与距离有关，有些与永久或暂时的阻碍有关。这也让我们再次看到，时间与空间在距离上的对等。

　　最后一个例子是两首组诗，一首来自陈子昂，另一首来自杜甫。

---

① 参见简野道明 (Kanno Dōmei) 编的《唐诗选详说》（*Toshi sen shosetsu*），第550–554页；Aoki Masaru ed.. *Ri Haku,* Tokyo: Shueisha, 1965. (《汉诗大系》，第8卷），第164–165页。

蓟丘览古赠卢居士藏用七首（并序）

陈子昂（661—702 年）

丁酉岁，吾北征。出自蓟门，历观燕之旧都，其城池霸异，迹已芜没矣。乃慨然仰叹。忆昔乐生、邹子，群贤之游盛矣。因登蓟丘，作七诗以志之。寄终南卢居士。亦有轩辕之遗迹也。

轩辕台

北登蓟丘望，求古轩辕台。

应龙已不见，牧马空黄埃。

尚想广成子，遗迹白云隈。

燕昭王

南登碣石阪，遥望黄金台。

丘陵尽乔木，昭王安在哉。

霸图怅已矣，驱马复归来。

乐生

王道已沦昧，战国竞贪兵。

乐生何感激，仗义下齐城。

雄图竟中天，遗叹寄阿衡。

燕太子

秦王日无道，太子怨亦深。

一闻田光义，匕首赠千金。

其事虽不立，千载为伤心。

田光先生

自古皆有死，徇义良独稀。

奈何燕太子，尚使田生疑。

伏剑诚已矣，感我涕沾衣。

邹衍

大运沦三代，天人罕有窥。

邹子何寥廓，漫说九瀛垂。

兴亡已千载，今也则无推。

郭隗

逢时独为贵，历代非无才。

隗君亦何幸，遂起黄金台。[1]

　　这七首诗中提及的历史事件与当时陈子昂的个人境遇有关，简而言之，他在东都洛阳任右拾遗。公元 696 年，他被任命为建安王武攸宜的随军参谋，协助武攸宜指挥军队，抵御契丹人对北方边境的入侵。公元 697 年春，一支军队被契丹人击败，驻扎在渔阳（位于今北京东北部）的武攸宜决定按兵不动驻守渔阳，不与敌人交战。对此，陈子昂建议他采取更具侵略性的战略，严明军纪，展开新的攻势，但武攸宜拒绝了他的建议。而后当陈子昂再次进谏时，武攸宜一怒之下将他徙为军曹。这次"徙"既是晋升，

---

[1]　徐鹏：《陈子昂集》，上海：中华书局，1960 年，第 22-23 页；《陈伯玉文集》，2.2a-3a。在《陈伯王文集》中，序言部分提到有"六首诗"而非"七首诗"，最后一首诗《郭隗》没有作为组诗的一部分一起印刷，而不是作为诗集的一部分。如果这首诗是原组诗的一部分，那么它似乎并不完整，比其他诗短了两行。第二首诗也见于简野道明 (Kanno Dōmei) 编的《唐诗选详说》（*Toshi sen shosetsu*），第 15-18 页。

也是降职，因为虽然他的官阶高了，但掌管的事务少了。①

公元 697 年夏，唐军抗击契丹的战役以胜利告终，陈子昂返回洛阳，重任旧职。②

这七首诗创作于诗人失去信任、遭受排斥的人生黑暗时刻。诗人试图通过思考和对历史人物的对比，排解心中苦闷。第一首诗中，他回忆了中国古代黄金时期的神话统治者——黄帝，他名叫"轩辕"，还有一位隐士，名叫"广成子"，黄帝曾向他求仙问道。③因此，诗人呈现了一位贤君的理想状态，他能够礼贤下士，任用贤良。（值得注意的是，轩辕和广成子都被认为是道教圣人，而陈子昂和他的朋友卢藏用都信奉道教）。诗人感慨贤君不再，以一种更宏观的历史角度升华个人的失落之情，即一位明智君主应该像轩辕那样听取他人意见，但即使是如此完美的君臣关系，也会随着时间流逝而不复存在。

其他六首诗涉及战国时期燕国（今北京附近）历史上的两个时期，一首以燕昭王为中心（第 2、3、6 和 7 首），另一首以燕子丹为中心（第 4、5 首）。诗人重点描写了一些与个人境遇有关的事件。燕昭王（公元前 311—公元前 279 年）在位期间燕国实力大增，但死时并未实现统一诸侯国的愿望（2.5④）。他在大将乐毅的帮助下成功击败了齐国（"乐生"，第 3 首）。燕昭王死后，乐毅不被重用（这一点与陈子昂经历相似），从燕国逃到赵国，以躲避燕惠王（公元前 279—公元前 272 年）的迫害。

邹衍（"邹子"，第 6 首）也曾受到燕昭王的宠信，后被继位者燕惠

---

① 严耕望在《唐仆尚丞郎表》《凡例》第 1 页解释了"徙"的意思。

② 卢藏用，《陈氏别传》，见《陈伯玉文集》，第 253-254 页；罗庸，《陈子昂年谱》同上，第 346-355 页。

③ 见《庄子》第十一篇《在宥》。

④ 此处的表述"2.5"指代上文提到的陈子昂创作的组诗 7 首中的第 2 首第 5 句。下文中的此类数字表述同样适用。——译注

王打入牢狱。他擅长辨术（6.4），而陈子昂在劝谏上遭遇了失败。

郭隗（第7首）被燕昭王尊为老师，此举吸引了魏国乐毅和齐国邹衍等其他贤人来到燕国。他们被安顿于碣石宫（2.1）和附近的黄金台（2.1和7.4）。燕昭王经常亲自到此接受他们的教导。黄金台之所以得名，是因为燕昭王为了吸引邻国的学者，在这里放置了千两黄金。^① 诗中的燕昭王是诗人的理想君主，也是他理想中的建安王的形象。（值得注意的是，两人的称谓相同，都是"王"）但两人的对比却十分鲜明：燕昭王身边都是博学之士，他们被尊为老师，而武攸宜却拒绝陈子昂的建议，并将其调任他职。此外，燕昭王在与敌国的交战中大获全胜，而武攸宜则拒绝指挥军队陷阵杀敌。

第4首和5首诗讲述了燕太子丹（卒于公元前226年）和秦王嬴政（公元前247—前210年）之间的恩怨。中国文学作品中通常对此有不少描写。这两首诗歌提到的史实如下：太子丹对秦王怀恨在心，因为他在秦国做人质时遭到秦王羞辱。而且太子丹还意识到，秦国的势力会威胁到燕国和其他诸侯国。于是，他向田光求教，田光向他引荐了剑术高手荆轲。田光在与燕子丹会面后自杀，此举一方面是出于对燕子丹的忠诚，确保他们的秘密商议不会泄露出去；另一方面是出于羞愧，因为燕子丹告诫他不要向其他人透露，似乎怀疑他会泄露这个秘密。后来，燕子丹派荆轲去刺杀秦王，但没能成功。刺杀的凶器是一把匕首（4.4），藏在荆轲呈给秦王的地图中。为了进入王宫，荆轲向秦王宠臣蒙佳赠送了价值千金的礼物（4.4）。荆轲在刺杀秦王未果的情况下身亡。^②

为什么燕子丹、荆轲和田光如此受到陈子昂及世人的推崇？部分原因是他们敢于发动反对秦王嬴政的斗争。中国文人憎恨秦王，因为他推行思

---

① 《史记》（百衲本），34.7a-8a；Kanno，第16-17页。

② 对荆轲这位历史传奇人物的深入研究，参见 Herbert Franke, "Die Geschichte des Prinzen Tan von Yen", *Zeitschrift der Deutschen Morgenländischen Gesellschaft,* 107(1956), pp.412-458。

想独裁，摧毁了中国文人最珍视的价值观。而更深层次的原因是，这些人都是悲剧英雄，他们怀着崇高的理想主义，克服重重困难，为崇高事业献出了生命。在创作这些诗歌时，陈子昂一定很羡慕这些人能有英勇献身的机会。尽管他们的行动最终都未成功，对比之下，他却空有一腔热血无处施展。他在心中，将这些人的勇气和爱国精神，与武攸宜不愿进攻契丹的行为进行对比；他从荆轲和田光对燕子丹的忠诚中，看到了比自己和武攸宜之间更加神圣的君臣关系。陈子昂的七首诗虽然涉及不同的历史人物，但因其地点相同而统一。在接下来的组诗中，每首诗则谈论了不同地点的不同人物。

咏怀古迹五首

杜甫

其一

支离东北风尘际，漂泊西南天地间。
三峡楼台淹日月，五溪衣服共云山。
羯胡事主终无赖，词客哀时且未还。
庾信平生最萧瑟，暮年诗赋动江关。

其二

摇落深知宋玉悲，风流儒雅亦吾师。
怅望千秋一洒泪，萧条异代不同时。
江山故宅空文藻，云雨荒台岂梦思。
最是楚宫俱泯灭，舟人指点到今疑。

其三

群山万壑赴荆门，生长明妃尚有村。

一去紫台连朔漠，独留青冢向黄昏。

画图省识春风面，环佩空归夜月魂。

千载琵琶作胡语，分明怨恨曲中论。

其四

蜀主窥吴幸三峡，崩年亦在永安宫。

翠华想像空山里，玉殿虚无野寺中。

古庙杉松巢水鹤，岁时伏腊走村翁。

武侯祠堂常邻近，一体君臣祭祀同。

其五

诸葛大名垂宇宙，宗臣遗像肃清高。

三分割据纡筹策，万古云霄一羽毛。

伯仲之间见伊吕，指挥若定失萧曹。

运移汉祚终难复，志决身歼军务劳。 ①

  五首诗中每首都描写了不同地点和人物，这并不容易。与地点相比，人物的描写更为突出。第一首诗的人物是庾信（513—581 年），第二首诗的人物是宋玉（公元前 3 世纪），第三首诗的人物是被称为明妃（公元前 1 世纪）的王嫱，第四首诗的人物是蜀国第一位君主刘备（161—223 年），第五首诗的人物是诸葛亮（181—234 年）。尽管如此，我们不能说每首诗

---

① 仇兆鳌，17.29b-36a；Von Zach，XV. pp. 55-59；第一首和第三首译文可见 William Hung，第 236 页；第 3 首和第 5 首译文可见 Bynner，第 157 页和 David Hawkes，Nos. 27 and 28；第 3 首译文可见 Payne，第 227 页。

都只谈论一个人。第一首诗中，庾信直到倒数第二行才出现，而同一行中的"最萧瑟"表明还有很多跟他身世一样凄凉的人。同样，"亦"字（2.2）使宋玉（第二首诗的主人公）成为杜甫所崇拜的人物中的一员，其中大概也包括庾信。"亦"字表明第二首诗不是独立的个体，而是对第一首诗的循环再续。第四首诗虽然主要描写刘备，但也提到了诸葛亮（"武侯"[①]，4.7），预示了第五首诗的主题。

如果我们研究一下这些诗歌的地点，情况就更加复杂了。据说，这些诗歌"每首灵感都来自杜甫游览与某位历史名人有关的名胜古迹"[②]。第三首、第四首和第五首明显如此。但对于第一首，研究杜甫诗歌的专家洪业首先指出，"这首诗的主题是庾信在江陵的故居遗址"，然后他又指出，"杜甫写这首诗时，还没有到达江陵，因此没有看到庾信早年的故居遗址"[③]。关于第三首，洪教授也怀疑杜甫是否到过王嫱的故乡。[④]虽然第三首诗第二行中明确提到了明妃村，但在第一首诗中却没有提到庾信在江陵的住所。事实上，我们没有必要认定杜甫去过诗中谈及的所有地点。

在这一点上，这组诗与本文讨论的其他诗歌（包括一首杜甫的诗）有所不同。杜甫对过去的回忆是一场精神之旅，并非真实地记录游览经历。另外，他比其他多数诗人对笔下的历史人物都更能感同身受。

有了这些思考后，我们现在可以仔细研究一下这首组诗。在第一首诗中，如前所述，诗人庾信的名字直到第 7 行才出现。因此，在阅读前 6 行时，我们可能不会想到庾信，而且其措辞也恰好具有多义性。第 1 行可以理解为公元 755 年东北安禄山叛乱爆发，第 2 行可以理解为公元 760 年杜甫游历西南。但前两行也可以理解为是庾信时代的动乱和他个人的漂泊经

---

① 诸葛亮的遗名。

② David Hawkes, *A Little Primer of Tu Fu*. Oxford, 1967，p.175.

③ William Hung, *Tu Fu: China's Greatest Poet*. Cambridge, Mass, 1952，pp.228-229.

④ 同上，第 229 页。

历。在这一解读下，"东北"和"西南"的并列不仅是字面意思，而且是一种回文。首联相当于说，中国的东西南北到处都是战乱，某人在中国从一个地区流浪到另一个地区。同样，第5行中的"羯胡"既可指庚信时期的侯景，也可指安禄山；第6行中的"词客"既可指庚信，也可指杜甫。

在第二首诗中，杜甫与被引用的历史人物——宋玉之间的关系更加明确。在诗的前半部分，他将宋玉诗歌所表达的情感视为个人情感，跨越了时间鸿沟与古代诗人认同。（"千秋"一词已被王昌龄在上述诗句中使用）第一行中的三个字（"摇""落""悲"）一字不差地摘自宋玉《九辩》的首联，从而进一步增强了这种认同。此外，"云雨"（第6行）一词暗指宋玉《高唐赋》中描写女神的一段话："且为朝云，暮为行雨。"诗人对宋玉的缅怀与对楚国辉煌稍纵即逝的反思相结合，这就是我们现在所熟悉的怀古诗。

在第三首诗中，汉宫女背井离乡远嫁匈奴的命运显然引起了杜甫的同情，因为他发现自己也同样颠沛流离。因此，第三首与第一首诗紧密相连。

第四首和第五首诗中纪念的英雄——刘备和诸葛亮都是怀古诗的绝佳书写对象，他们都有自己未竟的崇高事业。从杜甫的其他诗歌中，我们可以了解到他对这二人及宋玉、庚信的钦佩之情。第四首诗的四、五行突出表现了怀古诗的一个传统主题，即人类的辉煌都是短暂的。昔日璀璨的皇宫现在只有在此筑巢的仙鹤和前来祭祀的村中老叟。此前多次出现的"虚无"（4.4）主题，与此处"空山"（4.3）和"野寺"（4.4）的语境完美贴合，此外，当它在佛教语境下使用时还具有额外含义。

我们所研究的这20首诗歌有足够多的共同特征，让我们将其视为一种诗体。然而，我们无法确定唐代诗人是否也这样认为，因为这些诗歌没有一个统一的称谓，无法与其他公认的诗体如"宫体诗"和"边塞诗"等相提并论。但其中一些诗歌的标题经常提及过去或历史。例如典型的标题有"怀古""览古"——身体和精神上旅行；"古意"——可理解为"呼唤过去""回顾过去"，有时也可理解为一种"古体"；"咏怀古意"——对过去的呼唤；"咏怀古迹"——咏怀历史遗迹；"惜昔"——对过去的哀叹。许多诗歌的标题中都有一个"登"字，因为正如我们所见，"登"是这一诗体的常用主题。还有一些诗歌的标题没有任何迹象表明它们与过去有关。

现在，我们可以对这一诗体做一总结。唐代诗人处理历史的方式不同于历史学家或小说家。他们感兴趣的不是过去本身，而是过去与现在及与历史洪流之间的关系。在他们看来，过去与现在相似，但又不同。因为相似，对过去的思考有助于澄清现在的问题，有助于从更广阔的视角展示这些问题；因为不同，对过去的回忆可以展现现在的变化及曾经的面貌。中国人根深蒂固的"古胜于今"的信念源于这样一种观念，即历史是一个不断退化的过程，是从古老黄金时代持续衰退到现在的过程。这就是所有的怀古诗都是哀歌的原因之一：当诗人回忆起过去，他们对生活在一个比过去更糟糕的时代感到失望。另一个经常让诗人哀叹流涕的原因是，过去已经消逝，对历史的回忆只能痛苦地提醒人们：生命是短暂的。第三个原因是，回顾过去，人们发现它与现在一样悲惨。或者，更准确地说，这个诗体的特点之一是关注历史的失败而非成功。这些诗歌的主人公都是像荆轲和诸葛亮这样的人物。

因为过去总是比现在美好，所以对历史人物崇高事迹的回忆可以起到鼓舞人心的作用。历史上的伟人和诗人一样都遭受过失望和不如意，所以对他们的回忆成为一种心灵慰藉。回顾历史的另一个作用是"偏离"（deviation）。最新研究表明，偏离是所有诗歌的基本策略。[1] 诗歌不是以直截了当的方式进行表达，而是在很大程度上采取迂回、婉转和隐喻等间接方式。过去与现在的对比十分自然，诗人可以利用过去和现在的相似与

---

[1]　参见 Jean Cohen, *Structure du langage poetique* (Paris, 1966)。

不同之处，透过历史展现比现实更完美的状态；同时，他还可以将过去作为现在的一面镜子，展示人类境况的永恒特征。

过去与现在的对比有时会通过时间和地点的并置进行渲染。时过境迁，但场景依旧。如刘希夷诗歌的结尾句：

> 但看古来歌舞地，
> 唯有黄昏鸟雀悲。

但时间和地点并不总是并置在一起。时间的流逝可以用空间词汇表达，如人们最喜欢的"大江东去不复返"及风、落花和落叶等意象，都将时间流逝视化为物理运动。

这些和其他自然意象通常被用来突显时间的破坏性和大自然的永恒性，尤其是树木和山峰，它们经常代表历久弥新的永恒。落花同时也比喻青春和美丽的短暂即逝。山峰除了是永恒的象征外，也是记录和铭记历史的地方。登山是怀古诗的传统主题之一，也是时空融合的另一种方式。登山使诗人超越瞬时体验的限制，窥探时空外的永恒。当然，对过去的沉思往往与对风景的描写结合在一起。自然景物中常常有历史遗迹，如废墟、坟墓或碑文等。有时，一些自然景观如夕阳、落叶或杂草等，与时光流逝的主题交相辉映。怀古诗中的描写经常将可见的事物与因各种原因而不可见的事物进行对比，这种对比引出对人类衰退规律的哀叹，对历史残迹的描述通常有"少""空""无"等。

对景物的描写和对往事的缅怀总是选择性的，诗人着重描写那些与眼前情景和思想感情最相关的特征。每一次描写、缅怀和思考的基调往往充满了深厚的个人情感，且以忧郁为主。总的来说，它是向往、崇敬、遗憾和哀叹的结合。

最后，我们不妨列出与怀古有关的 15 个主题，并注明它们在上述诗歌中出现的位置。

一、纪念历史人物：孟浩然，第7行；李贺，第6、8行；王泠然，第1～6行，第9～12行；岑参，第7行；陈子昂，各处；杜甫，《咏怀古迹五首》，各处。

二、衰老和死亡：孟浩然，第1行；刘希夷，第3、5、6、9、12、14～24行；杜甫，《玉华宫》，第5、9、11行；王泠然，第8、16行；岑参，第7行；李白，第4行；陈子昂，5.1、5.5；杜甫，《咏怀古迹五首》，4.2、5.8。

三、墓、祠、碑：孟浩然，第7行；岑参，第5行；李白，第4行；杜甫，《咏怀古迹五首》，3.4、4.5、4.7。

四、宫殿及其他遗址：李贺，第6、8行；杜甫，《玉华宫》，第2～5、12行；王泠然，第13行；岑参，第2、4行；李白，第3行；陈子昂，序；杜甫，《咏怀古迹五首》，2.7、4.4。

五、眼泪和叹息：孟浩然，第8行；王昌龄，第4、8行；刘希夷，第4、14～15、26行；杜甫，《玉华宫》，第13～14行；王泠然，第20行；李白，第8行；陈子昂，序、3.6、5.6；杜甫，《咏怀古迹五首》，2.3、3.8。

六、空虚、虚无、寂寞：王昌龄，第6行；李贺，第7行；刘希夷，第9、22、25～26行；王泠然，第18行；岑参，第2、7～8行；李白，第2行；陈子昂，1.4；杜甫，《咏怀古迹五首》，2.5、3.4、3.6、4.3、4.4。

七、不可见：刘希夷，第9、25行；杜甫，《玉华宫》，第12行；《咏怀古迹五首》第13行；岑参，第2、7行；李白，第2、3、5、7、8行；陈子昂，1.3、2.4。

八、登高：孟浩然，第4行；王昌龄，第7行；岑参，第1行；陈子昂，1.1、2.1。

九、望远：孟浩然，第4～6行；王昌龄，第7～8行；李贺，第2、

7 行；李白，第 5 ~ 6、8 行；陈子昂，序、2.2 ~ 3。

十、山：孟浩然，第 3 行；王昌龄，第 3、5 行；李贺，第 1 行；王泠然，第 3 行；杜甫，《咏怀古迹五首》，2.5、3.1、4.3。

十一、河流、溪水、大海：孟浩然，第 3 行；王昌龄，第 1、4 行；李贺，第 5、7 行；刘希夷，第 8 行；杜甫，《玉华宫》，第 1、6 行；王泠然，第 2 ~ 6、18 ~ 19 行；岑参，第 6 行；李白，第 2、6 行；杜甫，《咏怀古迹五首》，1.3 ~ 4、2.5、3.1。

十二、树、花、落花：刘希夷，1 ~ 6、7、8、10、18 行；王泠然，第 6、10 ~ 12、14 行；李白，第 3 行；陈子昂，2.3；杜甫，《咏怀古迹五首》，4.5。

十三、风：李贺，第 4 行；刘希夷，第 10 行；杜甫，《玉华宫》，第 1 行；岑参，第 3 ~ 4 行；杜甫，《咏怀古迹五首》，1.1、3.5。

十四、傍晚和日落：王昌龄，第 5、8 行；李贺，第 1 行；刘希夷，第 26 行；岑参，第 4 行；杜甫，《咏怀古迹五首》，3.4。

十五、秋、落叶：王昌龄，第 2 行；杜甫，《玉华宫》，第 8 行；王泠然，第 17、19 行；杜甫，《咏怀古迹五首》，2.3。

【点评】

这篇文章主要讨论了中国古诗中的怀古诗，傅汉思在文中引用了大量怀古诗，通过细读、对比和归纳，一步步总结出怀古诗的常用主题、创作模式和诗体特点，整个推论过程环环相扣、充满逻辑性。

首先，在常用主题方面，傅汉思总结归纳了 15 个主题，包括纪念历史人物、衰老和死亡、空虚和寂寞等。他首先通过孟浩然的名篇《与诸子登岘山》引入读者对怀古诗主题的思考，诗人通过登高望远，在生命的瞬时体验中感受到自然在历史中的永恒，同时也有感于历史贤人的美德和芳名在世间长存。傅汉思通过文本细读，敏锐地察觉到"登高""望远与怀古""江山永存与生命短暂的对比""缅怀历史人物古迹""描写自然景色""眼泪"等成为唐代怀古诗的常用主题。紧接着，他围绕这一猜想，进一步细化主题类型，如王昌龄《万岁楼》中的山川与河流、秋天与黄昏的主题，岑参《登古邺城》中历史古迹的主题等。值得注意的是，在主题细化的过程中，傅汉思充分展现了他的比较思维，不断在对比中探索怀古诗之间的差异。如在分析最后两首组诗时，陈子昂和杜甫的组诗都体现了探访历史古迹的主题，但傅汉思在对比中发现"陈子昂的七首诗虽然涉及不同的历史人物，但其历史地点相同。在杜甫的组诗中，每首诗则谈论了不同地点的不同人物"。这种在对比中分析例证的方法是傅汉思汉学研究的重要特点之一。但同时，我们可能也已发现傅汉思对主题（topos）和母题（motif）的划分并不十分清晰，一些应划分为母题的类项如"宫殿""眼泪""河水"等却被认成主题。这一点需要我们有清楚的认识。

其次，在创作模式方面，傅汉思在论述过程中提到了一些重要特点，如通过时间刻画突显今昔对比、通过空间描写呈现历史沧桑巨变等。事实上，在怀古诗的创作中，时间和空间描写往往是同步进行、相辅相成的，形成一种时空上的张力。诗人登临古迹，极目远眺，思绪进入历史长河的时空中。历史时空的浩渺让诗人进一步感受到人生短暂的凄凉，过去的辉煌已消失不见，映入眼帘的只是物是人非的衰败景象。傅汉思也深深地体会到这一点，在分析刘希夷的《代悲白头翁》时，他评论说："人的境况被比作花树，并与之形成鲜明对比。两者的共同之处在于美丽终将衰竭，不同之处在于花树每年都能重焕生机，而人注定要不断衰老。"在这里，我们再一次看到了傅汉思对比式的研究路径，"年年岁岁花相似，岁岁年年人不同"，花成为寓意变化与永恒、衰败与新生的意象。这种过去与现在的今昔对比正是怀古诗的创作模式之一，傅汉思总结道，"唤起对昔日辉煌（第16～20行）的回忆后，作者抒发了遗迹孑然独立和快乐一去不返的忧郁之情，而这也是怀古诗歌特定的创作模式"。同样，对历史古迹的探访也引发诗人对历史沧桑巨变的感叹。在这里，时间被空间化了，残花败柳等古迹形象以其破败之姿象征着时间的流逝。傅汉思也察觉到了这一特点，他认为"李贺从空间的角度诠释了时间的浩瀚：'今古何处尽'"。傅汉思在文中提到了几处具有代表性的历史地点——金陵、巴蜀、楚地等，然而他似乎停留在了介绍这几处古地在现代的地理位置，并未深入探究这个地点时空背后的怀古趋向，这也为后来美国汉学家宇文所安的怀古诗研究创造了新的契机。

最后，在诗体特点方面，傅汉思总结道，"唐代怀古诗人处理历史的方式不同于历史学家或小说家。他们感兴趣的不是过去本身，而是过去与现在及与历史洪流之间的关系"。这一判断是准确的。怀古诗的最大特点就是诗人通过登临古迹，进入历史洪流的广阔时空，随后超越历史表面，思考历史和人生的本质意义。台湾学者侯迺慧对此有清晰论述："怀古诗完全摆脱人的种种作为和是非成败等评断，从历史长河的广远视野和恒长的时空背景底下看到生命与历史的真实本质——变。"傅汉思也认识到了这一点，他认为"怀古诗歌中的描写经常将可见的事物与因各种原因而不可见事物进行对比，这种对比引出对人类衰退规律的哀叹，对历史残迹的描述通常有'少''空''无'等"。如李白的诗歌《登金陵凤凰台》最后一句"总为浮云能蔽日，长安不见使人愁"，通过对比可见的自然景色和不可见的"长安"，诗人表达自己报国无门的悲痛之情。值得注意的是，傅汉思在文中似乎并未把怀古诗看作一个诗体，他敏锐地察觉到了这类怀古诗歌都具有某些共性，可以称为一个诗体，但他并没有明确指出这一诗体叫"怀古诗"。在他看来，"这些诗歌没有一个统一的称谓，无法与其他公认的诗体如'宫体诗'和'边塞诗'等相提并论"。这一论断体现出他对怀古诗的研究仍存在深入探索的空间。

PUBLIC LECTURE

The Office of International Programs Committee on Asia and the
Department of Concerts and Lectures

presents

HANS FRANKEL

Professor of Chinese Literature, Yale University

CO-ORDINATION IN CHINESE POETRY

FRIDAY, APRIL 18, 1969 at 3:15 P.M.
ROOM 308 FOLWELL HALL University of Minnesota, Minneapolis

傅汉思古诗研究讲座海报

曹植诗十五首：一种新方法的尝试 ^①

傅汉思

【导读】

译作原文刊载于《美国东方学会杂志》（*Journal of the American Oriental Society*）1964 年总第 84 期，第 1 页至 14 页，原题目为 "Fifteen Poems by Ts'ao Chih: An Attempt at a New Approach"。

在傅汉思的古诗研究中，曹植无疑是他最为倾注心血的诗人。这主要源于他对前人研究误区的敏锐洞察，即传统中国文学批评对曹植诗歌及其形象的解读过于单一和刻板。由于曹植两次继位受阻，被迫多次迁徙封地，身边亲友又遭受迫害，才华横溢却未得重用，所以，他往往被描绘成一个"悲剧英雄"的形象。这种形象在权威注疏者和研究者，如黄节、余冠英等人的作品中得到了广泛认同，他们认为曹植的诗歌充满了自怜之情。这种对曹植及其诗歌的解读方式影响了古今注疏者、批评家和读者对曹植诗歌的理解。他们往往预设曹植的诗歌是表达其沮丧、埋怨及继位无望的徒劳之作。

在本文中，傅汉思指出，除了以上历史和传记假设本身可能存在的谬误外，传统"知人论世"的文学批评观本身就带有局限性。他在译介 15 首曹植诗歌的基础上，运用新批评理论框架，对诗歌文本进行深入的语义分析和结构批评。他总结出曹植诗歌中常见的意象，揭示了其中频繁出现的"极端"情况和"动态的躁动"，从而塑造了一个与传统文学批评大相径庭的曹植形象——"一个想象力极为丰富的艺术家"。

---

① 本文受到耶鲁大学福特教师研究基金两项夏季基金的资助。

曹植（192—232 年）是中国最著名的诗人之一，但数百年来批评家对曹植的高度赞誉并非全然源于其文学造诣。与其他诸多中国文人一样，曹植的诗人身份与其个人身份严重混同，被刻板地塑造为一个悲剧英雄的形象。在后人眼中，他既是才华横溢的青年才俊，又是本可继承大统却未能登基的太子，更是受到不公正待遇的受害者。他先后遭受兄长曹丕（187—226 年，220—226 年在位）和侄儿曹叡（204—239 年，226—239 年在位）的压迫。曹丕取代其成为皇帝，之后曹叡继承皇位，成为曹魏第二任皇帝。在中国民间传统中，这两位皇帝被描绘为邪恶而残忍的人物，这在无形中强化了曾遭受迫害的曹植的正面人物形象。那么，曹植究竟遭遇过什么迫害？作为一个典型儒生、忠贞臣子和英雄人物，他渴望为君主和国家服务，但这一愿望被无情扼杀。朝廷将他与亲友隔绝，将他逐出都城，不允许他长久安居一隅：他历经十余次流放，足迹遍布八个地方。他的朋友和追随者亦受到牵连，其中不乏被处以极刑之人；其弟任城王曹彰亦未能幸免。曹植自谓遭受身体折磨，衣食短缺："居实三迁，连遇瘠土，衣食不继。"[①] "块然守空，饥寒备尝。"[②]

曹植的形象也蕴含着浪漫的元素。据说，曹植曾迷恋上一位甄姓女子，遗憾的是，该女子最终嫁给其兄长和政治对手曹丕。这段未竟的情缘被认为是激发曹植创作《洛神赋》的灵感源泉。尽管这个故事已被证明完全是虚构的，它仍频繁出现于现代批评作品中。[③] 另一个流传甚广的轶事是，曹

① "迁都赋序"，《全三国文》，13.14a，收于《全上古三代秦汉三国六朝文》，严可均编纂，中华书局 1958 年出版（影印本）。

② "社颂序"，同上，17.2b。

③ 参见赖宝勤（K. P. K. Whitaker）的英译本《曹植的〈洛神赋〉》（*Tsaur Jyr's "Luoshern Fuh"*），奥地利汉学家赞克（E. von Zach）的德译本《中国文选》（*Die chinesische Anthologie*）。赖宝勤和张志岳分别对该故事进行了推翻假设，后者参见《论曹植的诗》，文学遗产增刊第一辑（北京，1955 年），第 167–171 页。郭沫若倾向于相信该故事的真实性，参见其《论曹植》（1943 年）一文，收于《沫若文集》第十二卷（北京，1959 年），第 446–448 页。

植曾面临曹丕的残酷考验。曹丕要求曹植在七步之内即兴创作一首诗，否则将对其实施极刑。我们的英雄当然经受住了考验，性命得以保存。[①]

这就是曹植的人物形象，尽管诸多细节与历史不符。然而纠正这些失实之处是历史学家和传记作家的责任。[②] 身为文学研究者，我希望聚焦于曹植的诗。当前，我对曹植传统形象的浓厚兴趣，源于其对理解曹植诗的显著影响。值得注意的是，古今中外的注疏者和批评家从曹植诗中探寻并发现了塑造这一形象的所有关键要素。他们认为，曹植诗（据说他年轻时写的一些诗除外）始终弥漫着一种深刻的沮丧、埋怨及对权位追求徒劳的感悟。近期，芮效卫（David Tod Roy）在一篇探讨曹植诗重要主题的精彩文章中阐明了这一观点："曹植在 220 年后撰写的所有作品几乎都与其沮丧的情绪、其与这种情绪达成和解的尝试或此二者直接或间接相关。"[③]

传记方法基于时间先后顺序的假设。那些坚持将个人诗作与诗人所处时代和所经历的事件联系起来的人不得不对诗作进行编年。在这方面，汉魏六朝文学研究专家余冠英提出一个鲜明的观点，即"曹植的诗有些可以据其所关涉的事实来考订写作时期，有些可以从诗中表现的情感来大致分别前后"。[④] 在这里，我们看到一种"循环论证"的逻辑：一方面，我们根据一首诗作中所"表达的情感"去判断它的写作时间；另一方面，这首诗

---

① 该轶事和诗最早载于公元 5 世纪的著作《世说新语》第四篇《文学》。这个故事从表面上看是不可能发生的。如果曹丕真的意图杀掉哥哥曹植，又为什么要给他机会通过考验而逃生呢？这个故事听起来像是一个民间故事。它包含七这个神奇的数字及各国民间传说中的其他要素。因此，斯蒂·汤普森（Stith Thompson）的《民间文学母题索引》（*Motif Index of Folk Literature*）将"完成任务，否则处死"列为 H 901，"嫉妒的兄弟故意刁难"列为 H 912。《七步诗》未收录于黄节所编的曹植诗选集，因此也是不足为信的。

② 郭沫若在上文提及的文章中开了一个好头。廖仲安尤为如此，参见《关于曹植的几个问题》（北京，1959 年），文学遗产增刊第七辑，第 35–57 页。

③ 参见 David Tod Roy, "The Theme of the Neglected Wife in the Poetry of Ts'ao Chih", *Journal of Asian Studies*, XIX (1959), 26。

④ 参见《论建安曹氏父子的诗》（北京，1955 年），文学遗产增刊第一辑，第 150 页，第 1 条注释。

被用于表达作者理应创作这首诗时的情感。

该问题并非局限于曹植，更非中国文学所独有。当前，仍有诸多学者认为，诗歌蕴含的思想和情感能够独立地（无需外部依据）揭示诗人在创作时的隐秘思想和情感。维姆萨特（William K. Wimsatt）和比尔兹利（Monroe C. Beardsley）在《意图谬误》（*The Intentional Fallacy*）一文中论证过这种推理过程的缺陷。[1] 厄利希（Victor H. Erlich）同样在其研究中阐明诗歌与传记之间的复杂联系，呼吁文学研究者应"将生活和作品视为相互联系又本质独立的两个层面"[2]。

相较于理论层面的争辩，我更倾向于通过具体的诗作来探讨该问题。接下来，我将呈现曹植 15 首诗，并对其多重解读展开探讨。

一、门有万里客行

门有万里客，问君何乡人。

褰裳起从之，果得心所亲。

挽衣对我泣，太息前自陈。

本是朔方士，今为吴越民。

行行将复行，去去适西秦。

注疏者和批评家是如何解读这首诗的？有人认为，旅人就是诗人自己，他借诗抒发自己屡次徙封的怨愤之情。[3] 也有人认为，旅人代表诗人

---

①   William K. Wimsatt, Jr., *The Verbal Icon* (New York: Noonday Press, 1960), pp. 3-18.

②   "Limits of the Biographical Approach", *Comparative Literature,* VI (1954), 137.

③   朱嘉征（1602—1684 年），引自黄节；陆侃如、冯沅君：《中国诗史》，北京，1957 年，第 314 页。

的一位或多位被逐出都城的亲友，或者代表曹植自己，或者兼而有之。①
三位中国大陆学者则认为，旅人代表被迫离开农田和家园的普通北方人。②
注疏者从"朔方""吴越""西秦"这三个中国地理区域的名称中寻找
"线索"，我则仅把这些地名直译为"the North""the Southeast""the
Northwest"，我认为这些名称仅仅是为了表明旅人在中国广袤地域中的不
断迁徙。

我更倾向于把这首诗解读为对两个身份模糊者不期而遇的诗意描绘。
陌生的旅人出现在叙述者的门前。显然他已长途跋涉。叙述者没有直接邀
请其入内，仅仅询问其来处。对此，旅人并未立即回应，于是两人陷入短
暂的沉默。在此期间，两人各自做了一个具有象征意义的简单举止。叙述
者"褰裳起从之"，即整理衣服，起身，跟随陌生人来到路上。"褰裳"
是表示"起身准备走路"的传统文学用语，但我认为它在此处还承载着特
殊的象征意义。当叙述者提起衣袍、跨过门槛，与陌生人并肩而行时，他
短暂地获得了旅人的身份，与对方产生身份认同。与此同时，旅人挽起叙
述者的衣服（还是上文提及的衣服），从而与他产生肢体接触。这两个无
声举动使两人之间建立了友好的关系。他们不再是陌生人，旅人因此得以
放下负担，继续他的旅程。温馨的人性相遇虽然短暂，却以连续的叙事方
式得以呈现，成为漫长旅程中的一段回忆。因此，这一抒情瞬间与永恒的
时间流逝紧密相连。正如罗伯特·布朗宁（Robert Browning）的一句诗所
言，"瞬间化作永恒"（the instant made eternity）。

我们注意到，头尾两联中有传统流行诗的元素。第一句类似乐府诗《门

---

① 黄节、陈祚明（17世纪），引自黄节。

② 余冠英（上文第7条注释），第153页；郑孟彤、黄志辉：《试论曹植和他的诗歌》，北
京，1957年，第103页。我把"士"译为"gentleman"（第7句），故诗中的游子可能是一
位流离失所的土地主，而不是贫穷的农民。

有车马客行》。① 第二句中的"问君"也是流行诗的风格。下一句至最后显然是模仿《古诗十九首》中第一首的第一句。叠词"行行"和"去去"②呼应，共同营造了一种无尽游离的效果。

动词的频繁运用在语法和音韵层面强化了不断旅行的主题。这些动词不仅数量众多，而且巧妙地置于每句的首位或次位，这种独特的布局在曹植的其他诗作中鲜有出现，相信在中国诗歌史上也是罕见的。此外，整首诗中未曾出现任何否定词，这更加凸显了一种持续不断、积极向前、走走停停的活力与坚韧，使整首诗充满动感和生命力。

二、野田黄雀行

高树多悲风，海水扬其波。

利剑不在掌，结友何须多。

不见篱间雀，见鹞自投罗。

罗家得雀喜，少年见雀悲。

拔剑捎罗网，黄雀得飞飞。

飞飞摩苍天，来下谢少年。

注疏者将这首诗解释为讽喻诗。"雀"象征着曹植的一位或多位友人，他们支持曹植称帝。多数注疏者认为，"雀"象征着丁氏兄弟中的一位或两位，他们在公元 220 年被监禁，在曹植权力受限、无法施以援手（"利剑不在掌"）的情境下，他们最终遭到迅速处决。让我们暂时接受这种解

---

① 《乐府诗集》第 40 卷，1a-3a。所有这些诗的创作时间均晚于曹植的诗，但正如一些中国学者所指出的，曹植可能知道一些现今已不复存在的更古老的样本。

② 阿瑟·韦利译为 "On and on, always on and on, …" 参见 *Chinese Poems* (London: Allen and Unwin, 1946), p. 56。

释。那么，这首诗的有趣之处在于：它既描述了历史上的真实事件（鸟儿投罗，意味着友人身陷囹圄），也描述了诗人对于未来的殷切期盼（被囚禁的友人获得释放）。如果人们不去了解历史事实，仅仅通过这样的一首诗来重构历史，必然会导致误读。

这首诗宛如一个梦境，宛如弗洛伊德式的愿望实现，令人难以忘怀。关于诗中"雀"的意象与丁氏兄弟或他者的关联，我尚不能从现有资料中寻得确凿证据来予以证实或反驳。我们唯一可以确定的是，这首诗描写的是令人悲叹的囚禁和令人同情的释放。进一步观察，我们不难发现曹植作为一名诗人，对于飞翔的生物和飞行活动很感兴趣。这首诗的独特之处在于前两句（下文第13首诗的开头与之类似）。悲风和波涛与后续情境看似没有明显联系，但它们却营造了一种不祥且动荡的氛围，为后续的情节发展奠定了基础。这首诗中贯穿的起伏运动彰显了曹植的风格，这可能与鸟类的波折命运有关，也与诗歌情绪由沮丧到欢欣的转变有关。我们先是被带到高高的树顶，继而骤降至海平面，再随着涌动的波涛再次攀升；被释放的鸟儿飞向高空，最终又降至人的高度。

在研究中国诗歌时，历代学者不遗余力地追溯诗歌的创作日期和背景。这些努力催生了一系列卓越的学术成果和推测。我认为，除非诗歌的标题或序提供了明确信息，否则任何方法都不能完全准确地确定创作日期。就曹植而言，我们仅掌握了他部分诗歌的序。下面这个例子也许值得研究。这是一首分为七章的长诗（本文将其编为第三至九首诗），赠给其同父异母兄弟白马王曹彪。

赠白马王彪·并序

序曰：黄初四年五月，白马王、任城王与余俱朝京师，会节气。到洛阳，任城王薨。[①] 至七月，与白马王还国。后有司以二王归藩，道路宜异宿止，意毒恨之。盖以大别在数日，是用自剖，与王辞焉，愤而成篇。

三

谒帝承明庐，逝将归旧疆，

清晨发皇邑，日夕过首阳。

伊洛广且深，欲济川无梁，

泛舟越洪涛，怨彼东路长。

顾瞻恋城阙，引领情内伤。

四

太谷[②]何寥廓，山树郁苍苍。

霖雨泥我涂，流潦浩纵横，

中逵绝无轨，改辙登高冈。

修阪造云日，我马玄以黄。

五

玄黄犹能进，我思郁以纡。

郁纡将何念？亲爱在离居。

本图相与偕，中更不克俱，

---

① 任城王曹彰如何去世，我们不得而知。根据公元 5 世纪著作《世说新语》中一段未经证实的记述（第三十三章，"尤悔"），他是被当时的皇帝，即哥哥曹丕毒死的。

② 洛阳城东南的一个山谷。

鸱枭鸣衡扼，^① 豺狼当路衢，

　苍蝇间白黑，谗巧令亲疏。

　欲还绝无蹊，揽辔止踟蹰。

六

　踟蹰亦何留，相思无终极。

　秋风发微凉，寒蝉鸣我侧。

　原野何萧条，白日忽西匿。

　归鸟赴乔林，翩翩厉羽翼，

　孤兽走索群，衔草不遑食。

　感物伤我怀，抚心长太息。

七

　太息将何为，天命与我违。

　奈何念同生，一往形不归，

　孤魂翔故域，灵柩寄京师。

　存者忽复过，亡殁身自衰，^②

　人生处一世，去若朝露晞。

　年在桑榆间，^③ 景响不能追。

　自顾非金石，^④ 咄唶令心悲。

---

① 试比较 Edward H. Schafer，"The Auspices of T'ang"，JAOS，LXXXIII (1963)，pp. 197–225。

② 这里我倾向于接受刘履（1317—1379 年）提出的校本，即将"存者"（活着的人）和"亡殁"（逝去的人）互换位置。参见《魏晋南北朝文学史参考资料》，北京大学编（北京，1962年），第 76 页，第④条注释。

③ 两个星宿。

④ 意思是，人不是金刚不坏之身。

八[1]

心悲动我神，弃置莫复陈。[2]

丈夫志四海，万里犹比邻，

恩爱苟不亏，在远分日亲。

何必同衾帱，然后展殷勤。

忧思成疾疢，无乃儿女仁。

仓卒骨肉情，能不怀苦辛？

九

苦辛何虑思？天命信可疑。

虚无求列仙，松子[3]久吾欺。

变故在斯须，百年谁能持。

离别永无会，执手将何时。

王其爱玉体，俱享黄发期。

收泪即长路，援笔从此辞。

　　批评家称赞，这首长诗真挚且动人地呈现了内心的悲痛和情感。这一评价虽有其合理性，却未能考虑到作品本身富含想象，并非纯粹纪实。对文学研究者而言，剖析作品中包含哪些真实经验元素，它们如何转化为诗歌，以及最终的艺术作品与我们所熟知的历史事件有何不同，将会带来深刻的启发。

　　第三首诗的第一句从时间和地点来说与历史"不符"。承明庐，作为

---

①　现有译本：Robert Ruhlmann and Yves Hervouet, *Anthologie de la poésie chinoise classique,* ed. Paul Demiéville (Paris, 1962), p. 122。

②　这里的截断策略将与下文第十二、十四首诗一起讨论。

③　传说中的道家仙人。

汉代承明殿旁屋，于公元223年已不复存在；此外，它位于长安，而非洛阳。[1] 中国诗人喜欢援引古老而"不合时宜"的地名，倾向于忽略具体地点的精确性，此类手法往往被视为一种保守策略，旨在隐匿诗歌与当下敏感时事之间的潜在关联。但在这首诗中，由于序中已明确提及时间和地点，显然没有隐匿的意图。实际上，诗人意在引导我们超脱于平淡无奇、缺乏诗意的现实世界，进而步入一个充满遐想的诗意空间。

第三首诗的第三、四句说明单纯的时间和空间陈述亦能承载诗意。在这里，曹植选用"清晨"和"日夕"这两个时间节点，形成鲜明对比。其中，"清晨"既象征着宫廷的辉煌，也象征着家庭团聚的喜悦。在空间层面，夕阳到达之地是首阳山，位于洛阳东北二十里处，是北邙山的最高峰，也是汉代和汉代以前帝王贵族的传统安息之所。因此，在这首诗的语境中，它可能具有葬礼的内涵，暗指诗人的兄弟曹彰（任城王）的死亡。于是，这第一天的旅程便成了一场从光明到暗影的穿越，从辉煌灿烂的帝都出发，最终步入那笼罩在死亡记忆阴影下的山脉之中。

在第三首诗的第五至十句，我们看到一系列传统的诗歌意象以非传统的手法来描述当时的情境。与此同时，我们所知道的写作现实被转化为一种抒情结构，通过传统的诗歌意象表达出来。例如河流宽深莫测，渡河无桥，被巨浪颠簸的小船，前方的漫漫长路。这些传统意象一般用于指代因距离遥远或不可逾越的困难而被迫分离的爱人与亲人。然而，在此处，旅行者不愿再踏上远离所爱之人的旅程。同样，在诗的最后一句，"顾瞻"的形象并不像传统那般表达翘首期盼之情，而是承载着深深的遗憾回头远望。

在第四首诗中，关于困难、磨难和挫折的抽象主题通过自然现象的形式具象化。暴雨和洪水等意象，虽源于事件的自然进程，[2] 却被诗人赋予强

---

① 参见《魏晋南北朝文学史参考资料》，第73页，第①条注释。

② 正式记载："是月[黄初四年六月]大雨，伊、洛溢流。"（《三国志》[百衲本]，2.21b）

烈的象征意义，与旅行者的个人命运紧密相连。从深谷到峻岭，再到云日，自然地貌的急剧变迁与诗歌意境的不稳定性相互呼应，形成一种独特的艺术张力，并在第十四首诗中再次引起我们的深思（也类似第二首诗的起伏跌宕）。

这首诗的最后一句尤为引人入胜。其字面意思是"我的马是深黄色"，这一表述源于《诗经》第三首诗，意指马因长途跋涉而疲惫不堪，甚至显现出病态。值得注意的是，诗人通过马匹颜色的变化这一可见现象，间接而诗意地揭示骑马者（诗人）的身心状态。

短语"玄以黄"也具有重要的结构功能。它首先出现在第四首诗的末尾，随后在第五首诗的开头重复。这种策略将后续诗篇串联成一个整体。第五首诗第二句中的"郁以纡"又与第四首诗尾句"玄以黄"在结构上呼应。第三句从第二句中提炼出两个关键字"郁纡"，这种手法与第一句从上一首诗末尾提取两个字的手法类似。第五、六、七首诗在结构上还呈现出另一个显著特征：第五首诗的第三句、第六首诗的第一句和第七首诗的第一句采用了相同的句法模式。显然，这首长诗内部结构紧密。

第五首诗的第七至九句出现更多的动物意象。不必探究旅行者是否真的遇到这些邪恶生灵，就像先前提及的暴雨和洪水，也不必深究它们是否指代魏朝的"小人"，真正重要的是，它们是"现实"存在于这个完整而独特的诗歌世界。

在第六首诗中，微凉的秋风唤起了孤独和绝望的诗意。诗人再次从"现实"现象中塑造了一个主导性的意象：据序所记，旅程发生于农历七月，正值初秋。与季节相呼应，具体时辰是傍晚（依据第三首诗第四句）。此时，动物纷纷匆忙归巢，它们的归处与诗人无依的漂泊形成鲜明对比，加剧了整首诗的凄凉氛围。

第七首诗在生者和死者之间来回切换，尤其是在世的兄弟和逝去的兄弟。第五句在结构、措辞和意象层面与前一首诗的第九句形成呼应。

最后，第八、九首诗聚焦于紧迫的现实任务——告慰逝去的兄弟。在第八首诗中，坚定的男子气概被视为理想，与儿女情长形成鲜明对比。然而，这首诗以深切的悲伤开始，又以无尽的哀痛终结。

最后两首诗更为直接、中肯，较少使用意象。这样的特点凸显了悲剧的鲜明直接和不可逆转。

十

九州①不足步，愿得凌云翔，

逍遥八纮外。②游目历遐荒。

披我丹霞衣，袭我素霓裳，

华盖芳晻蔼。六龙③仰天骧。

曜灵未移景，倏忽造昊苍，

阊阖启丹扉，双阙曜朱光。

徘徊文昌殿，登陟太微堂。④

上帝休西棂，群后集东厢。

带我琼瑶佩，漱我沆瀣浆。

踟蹰玩灵芝。徒倚弄华芳。

王子⑤奉仙药。羡门⑥进奇方。

服食享遐纪。延寿保无疆。

---

① 一个传统术语，说法不一，泛指远古世界。

② "九州之外有八殥，八殥之外有八纮。"（《淮南子》，公元前2世纪，引自黄节）

③ 指代驾车的龙。

④ "文昌殿"和"太微堂"同时也是星座的名称。

⑤ 周朝的一位太子，后来成为道家仙人（黄节）。

⑥ 方士，《高唐赋》提到过（黄节）。

这首诗的主题——道教神仙天国的旅程，对曹植来说无疑具有极高的个人价值，在他的许多诗中均有所体现。该主题可追溯至《楚辞》中的《远游》和其他诗。[1] 本诗在行文间大量援引这些早期作品。黄节在注疏中已对此进行详尽解析，故这里不再赘述。而且我们无须深究其文学背景，即可领略诗中丰富多彩的意象。这些借用也许表明，曹植意图把自己塑造成《楚辞》的假定作者屈原。[2]

作为思想家，曹植在《辩道论》中表明他对道教的看法：[3] 他对道教人物及其长寿药物持明确的批判态度（参见上文第九首诗第四句）。但作为诗人，他愿意身披道服，翱翔于道教神仙所居住的天堂。在这部自由想象的作品中，他扮演了一个与自己信仰截然不同的角色。他戴上面具，变换身份，从而超越人类生活的时空局限。

十一[4]

八方各异气，千里殊风雨，
剧哉边海民，寄身于草野。
妻子象禽兽，行止依林阻。
柴门何萧条，狐兔翔我宇。

学者在确定这首诗的创作年代时一直被一个事实所困扰，即据我们所知，曹植从未在海边生活过。注疏者黄节则绕过这个难题，认为第三句中的"边海"并非实指"至海水也"，而是指象征性的"荒晦绝远之地"。

---

[1] 参见 David Hawkes 翻译的 *Ch'u Tz'u: The Songs of the South* (Oxford, 1959)。

[2] 该解释由余冠英提出。

[3] 参见《全三国文》，18.5b—7b。

[4] 《曹子建诗注》，2.15b—16a。

我认为，将"边海"理解为"海边"① 亦有其合理性。即使诗人未曾亲身居住于某一沿海地区，他仍有可能借此指代那里的穷苦百姓。正如斯蒂芬·斯彭德（Stephen Spender）所言，描写极地探险的诗人并不必然要有北极的实地经历。② 第十首诗亦不要求我们假设曹植曾亲临天堂。

中国大陆的几位当代学者③ 认为，第十一首诗体现了诗人对沿海普通民众的同情态度，并对此表示赞赏。我认为这一结论有待商榷。同样，从第二首诗中可以推断出曹植对捕鸟者抱有同情之心，亦缺乏确凿依据。在第十一首诗中，诗人所关注的实为极端地理环境中的生存困境。土地的尽头象征着人类所能抵达的边界，而生活于此的民众，其生存状态几乎触及人类尊严与生存能力的最低点——事实上，他们已接近动物的生存状态，与野生动植物紧密共生。

这首诗在结构上展现了视野的逐层聚焦与下沉，起始于包罗万象的"八方"（指南针的八个方位），逐步细化至海岸线上的特定地点，再聚焦于居住于此的民众，进而下沉至动物，最后用饱含深意的短语"我宇"（意指我的屋檐）作为主观性极强的结尾。这一表述彰显了曹植诗与早期流行诗歌中的主观化倾向：诗人认同其笔下的人物，并与野生动物建立深厚的情感纽带。这种主观性第一人称的运用，可追溯至中国诗歌传统的滥觞之作《诗经》。

---

① 我的理解是，"边海"是一个动宾结构。

② Brewster Ghiselin ed.,"The Making of a Poem", in *The Creative Process*, New York: Mentor Books, 1955, p. 122.

③ 代表学者有余冠英、张志岳、郑孟彤、黄志辉等。

十二

步登北芒阪，遥望洛阳山。①

洛阳何寂寞，宫室尽烧焚。

垣墙皆顿擗，荆棘上参天。

不见旧耆老，但睹新少年。

侧足无行径，荒畴不复田。

游子久不归，不识陌与阡。

中野何萧条，千里无人烟。

念我平常居，气结不能言。

这首诗收录于公元 6 世纪作品集《文选》。②这首诗和紧随其后之作合称为《送应氏诗二首》。第二首诗主要抒发离别之情，不在这里探讨，但第一首诗与送别友人的直接联系则较为隐晦。《文选》注疏者刘良（公元 8 世纪）指出（其权威性有待商榷），这两首诗乃是赠予应玚、应璩兄弟之作。应氏兄弟是诗人，也是曹植的朋友。关于创作背景，中国学者存有多种观点。黄节反对前人观点，认为这两首诗写于公元 211 年，当时曹植和应氏兄弟或因公务于洛阳偶遇，曹植东行，而应氏兄弟则北去。黄节认为第十一句中的"游子"和第十五句中的"我"是应氏兄弟中的一位（或两位），并推测他（或他们）曾在洛阳居住。此观点得到当代注疏者的广泛认同。③然而，这种情境重构虽具巧思，却终究建立在推测之上，难以证实

---

① "洛阳山"，指洛阳外围的山峰（《魏晋南北朝文学史参考资料》，第 61 页，第②条注释）。

② 四部丛刊本，20.40a–b。

③ 余冠英，《汉魏六朝诗选》（北京，1961 年），第 131–132 页；《魏晋南北朝文学史参考资料》，第 61–62 页。

亦难以反驳。我更倾向于根据诗本身进行解读。

这首诗的叙述者曾寓居汉代东都洛阳。在久别重逢之际，他目睹了这座古都的衰败与荒芜。《文选》的注疏者可能是指公元 190 年，当时军阀董卓洗劫了洛阳。在诠释这首诗时，无须将叙述者设定为曹植、应氏兄弟或任何其他历史人物，因为诗中并未明确揭示其身份，而且抒情诗的诠释亦无须依赖任何具体的历史人物身份。

这首诗可分为两部分。第一部分（第一至六句）客观地描写了遭受破坏的都城及其周边地区。叙述者以登山者和旁观者的身份出现。在第二部分（第七至十六句），叙述者深度参与和体验这座城市的命运。因未见昔日熟悉的面孔和地标，叙述者感到失落，将个人的孤独投射于这个荒芜之地，使个人的不幸与国家的悲剧融为一体。

第一句的一些地方值得注意。诗人借由攀登山坡的举止，仿佛登高望远，俯瞰周围景象。此举亦体现了儒家文化中的传统风俗，即君子在登临高处时，常以散文或诗歌抒发情怀。孔子曰："君子登高必赋。"[1] 然而，诗中的山坡并非寻常之地，而是我们之前（第三首诗）提及的北邙山。这一传统墓地的设定从一开始就为全诗奠定了阴郁的氛围。

这两部分在结构上紧密相扣，例如第三句和第十三句的平行结构，但在某些方面又呈现出显著差异。第一部分强调高度，第二部分则强调平坦。第一部分的首尾两句（第一句和第六句）均采用了向上运动的动词，同时大量使用了描述高度的名词（而非形容词）。诚然，宫殿和城墙已失往日的巍峨，破败的人造建筑和肆意生长的荆棘形成鲜明对比。在第二部分，在绵延千里的平原上，唯一垂直上升的景象，即象征人类居住痕迹的"烟"成为显著的标志。第一部分没有任何否定词，但在第二部分中却密集出现：十句中有七句包含否定词。它们强烈地表达了对人类基本努力和希望的根

---

① 《韩诗外传》（公元前 2 世纪，四库全书本），7.14b。

本否定。

　　这首诗描写了各种景象，但没有任何声音的描绘。唯一表示声音的词是诗的最后一个字，但这个潜在的声响也是无声的。这种以叙述者的沉默作为结尾的手法恰到好处地渲染了整首诗的忧郁氛围，是曹植和其他诗人所惯用的艺术手法（见下文第十四首诗）。该手法尤其适用于这首讨论死亡、腐朽、荒凉和沮丧的诗。

十三

　　　　高台多悲风，朝日照北林。

　　　　之子在万里，江湖迥且深。

　　　　方舟①安可极，离思故难任。

　　　　孤雁飞南游，过庭长哀吟。

　　　　翘②思慕远人，愿欲托遗音。

　　　　形影忽不见，翩翩伤我心。

　　为了挖掘这首迷人的小诗背后蕴藏的深意，中国注疏者倾尽全力，进行了多番细致解读。李善举了一个极端的例子来解释这首诗："高台"代表帝都，"悲风"表示命令，"朝日"象征着统治者的辉煌，"江湖"则隐喻卑劣小人。③陈祚明（17世纪）和黄节认为，"之子"指的是曹植的同父异母兄弟曹彪（第三至九首诗描绘的对象），并假设这首诗写于曹彪在南方（"江湖"，"南游"）封吴王之时。刘履（1317—1379年）认为

---

①　"方舟"的一种解释是"两只船拼在一起"。

②　这里，我采纳余冠英的主张。另一个可能的解释是，"I raise my thoughts"。

③　《文选》（四部丛刊本），29.21b–22a。

"之子"指代曹植本人，而吴淇（1615—1675 年）则认为"之子"实指皇帝。①

我们可以明确的是，这首诗的叙述者，即诗中的人物，思念一个远在南方的亲人。两人均是诗中虚构的人物，仅存在于这首诗构建的虚拟世界中。他们之间的关系——无论是兄弟、朋友，还是异性间的情感——在诗中都未作说明，因此不应成为解读这首诗的关键所在。无论是中国诗还是外国诗，表达思念之情的诗往往通过反复运用某些元素来构建丰富的意象。试比较席勒的《渴望》：

> 啊，在这山谷底下，
> 笼罩着寒冷的迷雾，
> 若能找到出路，
> 啊，我将感受如此的幸福！
> 在远方，我将望见美丽的山丘，
> 永远青翠，永远生机勃勃！
> 若我有翅膀，若我能飞翔，
> 我将直飞到山丘。
> ……
> 然而，汹涌的河流阻挡了我的去路，
> 它的波浪高涨，
> 让我的灵魂感到恐惧，
> 震撼我的心灵。
> 我看到一只小船在摇摆，
> 但，哎呀！船夫不在。

---

① 全部引自黄节的评论。

......

只有奇迹才能

将你带到那美丽的仙境。

第十三首诗第一句（"高台多悲风"）与第二首诗第一句（"高树多悲风"）几乎完全相同，仅有一字之差。"高"在曹植诸多诗中占据举足轻重的地位，表明诗人对崇高物体、高处、上升之势和空中翱翔的痴迷。第十三首诗前两句援引当时文人墨客广为熟知的《诗经》第一百三十二首的经典意象①，通过对晨风和北林（有时被解释为一个地名）的细腻描绘，传递了对亲人的思念。因此，第十三首诗的前两句为后续的抒情过程做了环境和文学铺垫，更为整首诗铺设了丰富的诗意基调。

这首诗由两部分组成，每部分各有六句。在第一部分，人物是孤独的。在第二部分，他的孤独似乎得到了缓解，但实际上却因一只从头顶掠过的野雁而加剧。这只大雁在中国诗歌传统中承载着多重象征意义，其形象在诗中发挥了多重作用：它象征着孤独（与雁群分开），代表着秋天的南迁，同时也是潜在的信使。然而，它并未减轻诗人的孤独感，也未建立起诗人与他人可能的联系，反而凸显了诗人的沮丧情绪。大雁与其他形象共同衬托出人物的内心世界。叙述者虽能登高，却无法飞翔；他身处北方，无法去往南方；他的活动范围局限于庭院，被高台和树林包围。他无法像风、日和雁那样越过庭院、高台和树林的界限。他虽能如风和雁般表达哀愁，却无法像它们那样自由地旅行。他抬头仰望（第九句），试图接近飞雁的高度。然而，"形影"一词将大雁拉回到人间的层面。"形影"像许多其他中国复合词一样，由对立字词组成，用以表达整体概念。（同样地，"老幼"可能指代"所有人"，"日夜"或"夙夜"可能意味着"每天"，

---

① 《魏晋南北朝文学史参考资料》中提及该典故，第62页，第①条注释。

参见《诗经》第十五首第四句；"春秋"可能意味着"年年"或"编年史"。）第十一句接着写到，大雁忽然消失。这暗示着，诗人同时在两个层面——飞翔的层面（"形"）和地面的层面（"影"）被遗弃。

至此，我深感其意象之复杂与紧密交织。诸如"悲风""长哀吟""音"等意象均具有深刻的象征意义。第二部分中飞翔层面和地面之间的冲突与第一部分中的两个形容词——"高"（第一句开头）和"深"（第四句结尾处）遥相呼应。此外，两部分还呈现出诸多显著对立之处。第一部分通过展现广阔的空间和众多的事物（"多""林""万里""江湖"）构建了一幅宏伟的远景图，而第二部分则聚焦于孤独、遗弃和失落的情感表达。

诗中仅在最后一句"我心"中明确提及人物自身。此前（第九、十句）虽未直接提及人物的存在，但能让人感受到。[1]而在第一部分，诗中没有提及人物，但他的存在隐含在字里行间。因此，我们在诗中看到了一种由客观到主观逐渐发展的态势，这在曹植诗（见第十一、十四和十五首诗）及后来的许多中国诗中均有所体现。

十四[2]

转蓬离本根，飘飘随长风。

何意回飚举，吹我入云中，

高高上无极，天路安可穷。

类此游客子，捐躯远从戎。

毛褐不掩形，薇藿常不充。

---

[1] 我在《中国诗歌中的"我"》（The "I" in Chinese Lyric Poetry）中简单讨论过这里的诗歌技巧。

[2] 《曹子建诗注》，1.8a–b。

去去莫复道，沈忧令人老。

十五①

吁嗟此转蓬，居世何独然。

长去本根逝，宿夜无休闲，

东西经七陌，南北越九阡。

卒遇回风起，吹我入云间，

自谓终天路，忽然下沈泉。

惊飙接我出，故归彼中田。

当南而更北，谓东而反西，

宕若当何依，忽亡而复存。

飘飘周八泽，连翩历五山，

流转无恒处，谁知吾苦艰。

愿为中林草，秋随野火燔，

糜灭岂不痛，愿与株荄连。

　　最后两首诗内容相似，故合并讨论。第十四首诗的前半部分，除第五句以外，其内容与第十五首诗高度契合，在句子或短语层面存在直接的对应，甚至部分措辞完全一致。第十五首诗对"转蓬"这一主题进行了更为细致的描写。转蓬是一种植物，在秋季脱离本根，形成球状、随风飘荡。第十四首诗与此不同，但与第十三首诗有着相似的结构，可以清晰地分为两个部分。每个部分在相应的位置（分别在第五句和第十一句开头）采用重复的语言模式。两部分分别围绕转蓬和士兵展开，诗人明确地以转蓬比

---

① 《曹子建诗注》，2.20a–21a。

拟士兵，使二者在诗中形成了等同关系（第七句）。

因此，在此无须揣测诗中明喻的含义：飘荡的转蓬即象征参战的士兵。第十五首诗没有建立此类直接对应关系，诸多学者据此认为，诗中流转的植物实则隐喻了曹植本人。例如当代学者余冠英认为，第十五首诗是曹植因兄弟分离而创作的怨诗之一，写于明帝登基（226年）之后。根据余冠英的理解，第十四首诗透露出曹植对普通士兵的深切同情。

我认为，对这两首诗的理解不宜局限于自怜之情，亦不宜将第十四首诗单纯解读为对普通士兵的同情。第十四首诗第四句中的自我表达（以及第十五首诗相似结构的第八句），与第十一首诗最后一句所展现的诗歌技巧相互呼应，共同体现了一种诗意的同理心。这种同理心标志着诗歌从初始的客观描写（参见第十三首诗）逐渐过渡到主观情感的流露。正如第十一首诗无法直接证明曹植对穷苦百姓的同情及其海边居住经历，第十四首诗亦不应被直接解读为曹植对受苦士兵的同情或自我投射。实际上，转蓬和游子的比喻在曹植的时代已经成为一种诗歌传统。这一点可从其父曹操（155—220年）的诗作中窥见端倪。

十六[①]

鸿雁出塞北，乃在无人乡。

举翅万馀里，行止自成行。

冬节食南稻，春日复北翔。

田中有转蓬，随风远飘扬。

长与故根绝，万岁不相当。

奈何此征夫，安得驱四方！

---

① 参见《魏武帝魏文帝诗注》，黄节编注（香港：商务印书馆，1961年），第30页。

戎马不解鞍，铠甲不离傍。

冉冉老将至，何时返故乡？

神龙藏深泉，猛兽步高冈。

狐死归首丘，故乡安可忘！

我们能否得出这样的结论：作为那个时代最成功的军事领袖，曹操是不是一个和平主义者？抑或他视自己为一个无能的、脱离本根的游子？

让我们继续对这两首诗进行结构分析。在动作表现上，这两首诗之间存在显著的差异。第十四首诗的动作主要呈现为水平方向，且整体上呈现出向上的趋势，几乎不存在向下的动作。在第十五首诗中，动作则呈现出全方位的态势，涵盖上下、东西、南北等多个方向，表明空间完全覆盖。在时间维度上，尽管没有特别强调，但也展现了全面覆盖的态势（第四句"夙夜"，第九句"终"）。此外，诗中的量词短语，即"七陌""九阡""八泽"和"五山"，进一步强化了全面的空间覆盖。前文提及"四海"（第八首诗第三句）、"九州"（第十首诗第一句）和"八方"（第十一首诗第一句）。上下动作的突然切换与第二、四首诗相似，可能再次暗示了高涨和低落交织的心理状态。

第十四首诗篇幅较短，以截断策略结尾，这一手法在前面出现两次（第八首诗第二句和第十二首诗第十六句）。这里再次使用，但赋予了不同的韵脚。我不禁联想：韵脚的变化是否意味着主体情感的转变？

至此，本文的讨论结束。我并非主张本文所使用的方法是解读曹植等伟大诗人作品的唯一或最优方法。我的研究手段亦非原创，实际上，新批评家和其他学者已在西方诗歌分析中成功运用此法，并在中国和日本诗歌的个别案例中亦有所体现。然而，我希望本文能够揭示出曹植诗歌在既有诠释中被忽视或掩盖的某些方面。

我们发现，诗人曹植与历史上真实或虚构的曹植形象截然不同。这位诗人并未沉湎于自怨自艾之中。他是一位想象力极为丰富的艺术家。他的诗歌世界充满了动态的躁动，鲜有中国古典诗歌常见的宁静与安详。他摒弃了中庸之道，频繁描绘极端情境：遥远的距离、孤绝的地点、激烈的情境。他偏爱使用的意象有高大的物体、高耸的地方、飞鸟、空中飞行、游子、道路、河流、船只、漫游的动物、漂浮的植物。尽管他的多数诗歌流露出忧郁的基调，这并不意味着他在现实生活中是个悲观者。正如现代社会中，电视节目里的专业喜剧作家在私人生活中往往很悲观。在曹植的时代及此后很长时间，忧郁是中国抒情诗歌最推崇的模式，无论诗人自身的境地或情绪如何，人们都期望诗人以忧郁的笔触来描绘人与自然。

【点评】

傅汉思不赞同传统文学批评中过分依赖作者生平和社会背景的做法，认为其容易导致"意图谬误"。他主张聚焦文本本身，分析诗歌的语义和结构，以揭示其内在的艺术特质。这篇文章在精心译介曹植15首诗歌作品的同时，运用新批评理论对其进行了深入的文本细读。新批评理论主张将文学作品视为独立于外部世界的自足实体，强调文本内部的结构、意象、主题和语言技巧等元素的分析，而非作者的生平、社会背景或历史情境。通过语义分析和结构批评，傅汉思对曹植诗展开了细致入微的剖析，从而揭示了其独特的艺术魅力和深刻的情感内涵。

首先，傅汉思通过对曹植诗逐字逐句的分析，为诗歌提供了不同的解读方式。他关注诗中的语言细节，如修辞手法、象征意义和隐喻，以及这些元素是如何共同作用来构建诗歌的整体意义。例如对于《门有万里客行》，传统注疏者和批评家认为曹植是借此诗抒发自己的愤懑或对友人或对普通百姓的同理之情。傅汉思没有刻意深究诗中人物的身份，而将此诗解读为两个身份模糊者不期而遇的诗意描绘。对于《野田黄雀行》，注疏者着眼于"雀"和曹植友人的联系，而傅汉思却敏锐地发现，曹植倾向于使用飞鸟和空中飞行之类的独特意象。在《赠白马王彪·并序》中，传统批评观认为这首长诗抒发了内心的悲痛，未能考虑到作品本身并非纯粹纪实。傅汉思观察到作品本身富含想象。第三首诗对于"承明庐"的提及实则为了引导读者超脱现实，步入充满诗意的想象空间。诗人还将一些传统诗歌意象用于非传统的用途。例如"顾瞻"不再表达翘首期盼之情，而抒发了深深的遗憾和不舍之情。

其次，傅汉思着重研究了曹植诗的结构特点和叙事方式。他的诗歌不满足于传统的平铺直叙，而是通过跳跃的叙事、急促的节奏和生动的修辞，营造出一种紧张而充满活力的氛围。傅汉思发现，曹植诗频繁描绘极端情况，还对曹植诗歌中频繁出现的意象做了总结，包括高大的物体、高耸的地方、翱翔的鸟、空中飞行、流浪者、道路、河流、船只、漫游的动物及漂浮的植物等。它们不仅丰富了诗歌的视觉效果，也深刻反映了曹植内心的情感世界和审美追求。由此发现，曹植诗歌鲜有中国古典诗歌常见的安宁，而是充满了动态的躁动。这种动态的躁动不仅体现在诗歌的外部形式上，也深刻地影响了诗歌的语义内涵和情感表达。

傅汉思的分析展现了曹植诗歌的多义性和丰富性。他提出，诗歌的意义不是单一固定的，而是多元开放的，允许不同的解读。这种观点鼓励读者探索文本的深层含义，而不是寻找单一的、确定的解释。傅汉思的研究还强调了文学作品的独立性，他认为文学作品应该根据其自身的艺术成就来评价，而不是作为作者个人经历或社会环境的反映。通过对 15 首曹植诗的文本细读，傅汉思揭示了与传统文学批评观截然不同的曹植形象——"一个想象力极为丰富的艺术家"。他不仅是情感深沉的诗人，更是勇于探索、敢于创新的艺术家。他的诗歌充满了对生命、自然和宇宙的深刻思考，展现了他对美、爱与自由的无限追求。同时，诗中频繁涉及的"极端"情况和"动态的躁动"展现了他内心的激情和挣扎，也使得其诗更具感染力和震撼力。傅汉思不仅为曹植诗研究开辟了新的视角，也为中国文学批评提供了一种新的分析工具，展示了新批评理论的应用潜力。

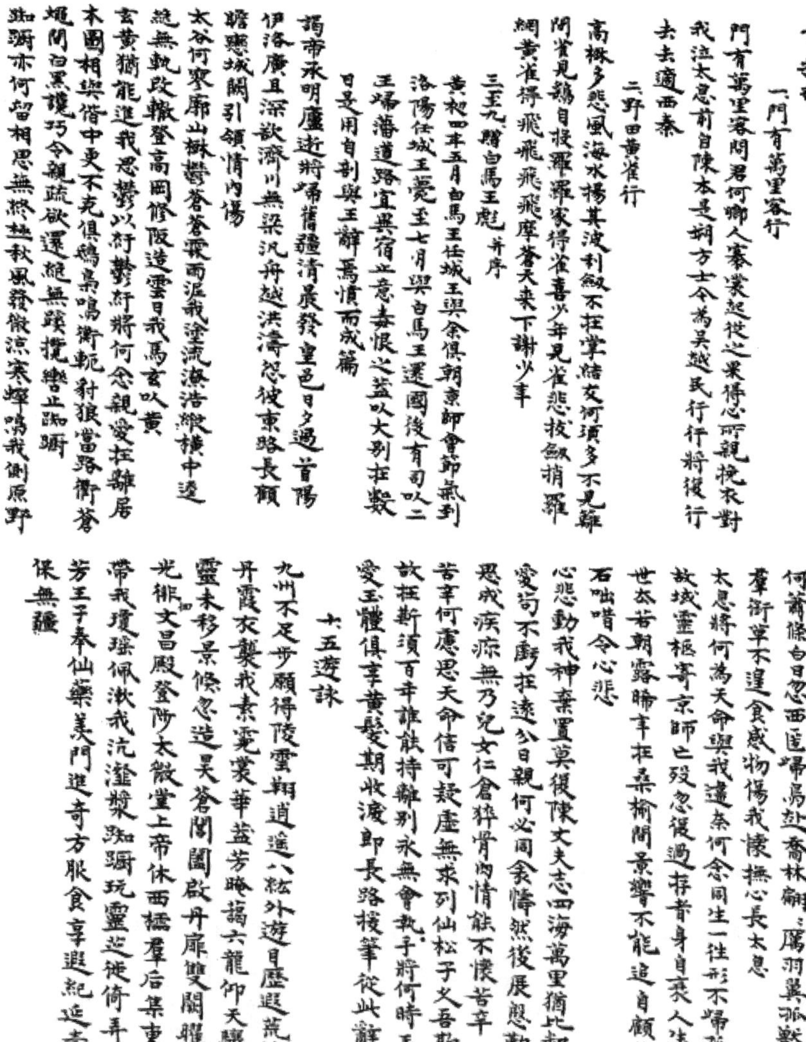

张充和书《曹植诗十五首》

十一、泰山梁甫行

八方各異氣，千里殊風雨。劇哉邊海民，寄身於草野。妻子象禽獸，行止依林阻。柴門何蕭條，狐兔翔我宇。

十二、送應氏詩其二

步登北邙阪，遙望洛陽山。洛陽何寂寞，宮室盡燒焚。垣牆皆頓擗，荊棘上參天。不見舊耆老，但覩新少年。側足無行徑，荒疇不復田。遊子久不歸，不識陌與阡。中野何蕭條，千里無人煙。念我平常居，氣結不能言。

十三、雜詩其一

高臺多悲風，朝日照北林。之子在萬里，江湖迥且深。方舟安可極，離思故難任。孤雁飛南遊，過庭長哀吟。翹思慕遠人，願欲託遺音。形影忽不見，翩翩傷我心。

十四、雜詩其二

轉蓬離本根，飄颻隨長風。何意迴飆舉，吹我入雲中。高高上無極，天路安可窮。類此遊客子，捐軀遠從戎。毛褐不掩形，薇藿常不充。去去莫復道，沉憂令人老。

十五、吁嗟篇

吁嗟此轉蓬，居世何獨然。長去本根逝，宿夜無休閑。東西經七陌，南北越九阡。卒遇回風起，吹我入雲間。自謂終天路，忽然下沉淵。驚飆接我出，故歸彼中田。當南而更北，謂東而反西。宕宕當何依，忽亡而復存。飄飆周八澤，連翩歷五山。流轉無恒處，誰知吾所艱。願為中林草，秋隨野火燔。糜滅豈不痛，願與株荄連。

十六、曹操卻東西門行

鴻雁出塞北，乃在無人鄉。舉翅萬餘里，行止自成行。冬節食南稻，春日復北翔。田中有轉蓬，隨風遠飄揚。長與故根絕，萬歲不相當。奈何此征夫，安得驅四方。戎馬不解鞍，鎧甲不離傍。冉冉老將至，何時返故鄉。神龍藏深泉，猛獸步高岡。狐死歸首丘，故鄉安可忘。

右曹植詩十五首錄目黃節曾于建詩注
曹操詩錄自黃節魏武帝詩注
一九六四年四月十六日端午書為
漢思
充和於北港

张充和书《曹植诗十五首》

第二章

世界视野
诠释乐府文心

　　傅汉思是美国最早对乐府展开专题研究的专业汉学家之一。他对乐府的关注植根于 20 世纪初西人对中国民间歌谣的大量译介和研究，以及前人对乐府诗译介和研究的不足。

　　19 世纪末 20 世纪初，中国民谣相继引起了来华西人和中国学者的高度关注。一方面，1918 年起，受到新文化新思潮特别是进化论的影响，北京大学开启了历时八年之久的歌谣运动。北大相继成立歌谣征集处和歌谣研究会，后又发行《歌谣》周刊，开展歌谣的搜集、研究和阐释工作，吸引不同学科的研究者参与，同时把西方民俗学、人类学及其他人文学科的原则和方法，特别是比较研究法介绍到中国来。另一方面，在北大歌谣运动之前，西方来华人士已经开启了歌谣整理活动，其中以意大利外交官韦大列（Guido Amedeo Vitale）和美国传教士何德兰（Isaac Taylor Headland）最为瞩目。两人在北京亲自收集整理儿童歌谣，先后辑成《北京歌谣》（*Chinese Folklore: Pekinese Rhymes*, 1896）和《孺子歌图》（*Chinese Mother Goose Rhymes*, 1901）。民间歌谣是乐府诗的一大来源，因此中西学人对民谣的关注为傅汉思聚焦乐府体裁提供了时代背景。

相比唐诗宋词等"主流"体裁而言，乐府长期以来并没有得到英美汉学界的重视，也没能作为一种特殊文体得到专题研究，即便是翻译活动也乏善可陈。直到1967年，澳大利亚汉学家傅德山（John D. Frodsham）和程曦的《汉魏晋南北朝诗选》（*An Anthology of Chinese Verse: Han, Wei, Chin and the Northern and Southern Dynasties*，1967）问世，乐府才得到英语世界最大规模的译介，但依然不是作为一种诗体的专题译介。截至20世纪中期，世界范围内的乐府研究亦存在不足。在英语世界，仅有海陶玮在《中国文学论题：纲要与书目》（*Topics in Chinese Literature: Outlines and Bibliographies*，1966）中对乐府体裁进行专题介绍。译介的不足和研究的空缺表明，乐府作为一种重要的诗歌体裁，在傅汉思以前长期未得到美国乃至整个海外汉学界的足够重视。

傅汉思的乐府诗译介和乐府研究并行，总体上分为四类：乐府诗篇个案研究、乐府总体研究、乐府专题研究、具体时期乐府研究。

傅汉思乐府研究的最大特色在于将其归入口头传统的文学范围，引入口头程式化理论，放在世界民谣的视域与欧洲民谣进行比较。这一理念于《中国乐府〈孔雀东南飞〉的程式化语言》中首次涉及，在《乐府诗歌》中全面探讨，并在3篇专论中得到各个方面的具体审视。其中，《中国口头叙事诗的一些特点》（"Some Characteristics of Oral Narrative Poetry in China"）从普实克（Jaroslav Průšek）对河南坠子的研究出发，结合欧洲民谣，指出并分析了汉代和后汉无名乐府诗的三个特点：程式化语言、固定形式的重复、夸张。《乐府诗的口头和表演成分》（"Oral and Performing Aspects of Chinese Yüeh-fu Poetry"）考察了汉代至唐代乐府诗中的口头和表演成分，充分肯定了口头传统对乐府文学性的贡献，并得出民间文化和文人文化"交叉互育"成就乐府诗的结论。《乐府诗中叙述者和角色的关系》（"The Relation between Narrator and Characters in Yuefu Ballads"）探究了乐府诗中叙述者和角色的三种关系：客观报告、角色扮演、在二者之间切换。并与苏格兰民谣对比，得出两种模式的切换专属于中国乐府的发现。傅汉思对乐府诗的个案研究参见《三首早期中国民谣：〈平陵东〉〈战城南〉〈东门行〉》和《中国诗选译随谈》第七章"叙事歌谣"部分，他一以贯之地使用新批评方法和世界民谣视角，针对具体问题得出了新颖的结论，发现了乐府与世界民谣的共性。总体研究方面，傅汉思 1974 年发表的《乐府诗歌》是英语世界首篇对乐府诗最为全面系统的梳理。他在文中确定了乐府诗的定义，并界定了乐府诗的范围，根据口头 / 文学、赞歌 / 民谣的二分法及地域、时间的差异将乐府诗分为五类进行探讨，结合具体诗篇，联系世界民谣，依次分析了各自的形式、内容和结构特点。傅汉思在具体时期乐府研究方面共有 2 篇长文《六朝乐府与他们的歌者》（"Six Dynasties Yueh-fu and Their Singers"）、《汉魏乐府作为重要文学体裁的发展》（"The Development of Han and Wei Yueh-fu as a High Literary Genre"）和 1 篇译文《汉魏六朝乐府诗传统的遗产以及其对唐代诗歌的影响》（"The Legacy of the Han, Wei, and Six Dynasties Yueh-fu Traditions and Its Further Development in T'ang Poetry"）。

随着傅汉思乐府研究的纵深，乐府诗在汉学家的译介和研究活动中拥有了区别于"早期中国古诗"的独特身份。在傅汉思的影响下，英国汉学家白丽儿成为英语世界乐府英译的专家。她于 1982 年发表全球首个《玉台新咏》的英译本《玉台新咏：中国早期爱情诗选集》（New Songs from a Jade Terrace: An Anthology of Early Chinese Love Poetry），后入选世界文学经典书系"企鹅经典"书目。1988 年，白丽儿发表第二部乐府诗英译集《汉代中国的民歌和乐府诗》（Popular Songs and Ballads of Han China），共译介 77 首汉乐府，并在扉页写道："献给傅汉思，乐府研究的先锋。"继白丽儿之后，明尼苏达大学中国文学教授周文龙（Joseph R.

Allen）也对乐府诗展开了专题译介和研究，他在《他者的声音：中国乐府诗》（*In the Voice of Others: Chinese Music Bureau Poetry*，1992）选译120首乐府诗，并在扉页写道："谨以此书献给我亲爱的老师傅汉思。"

三首早期中国民谣：
《平陵东》《战城南》《东门行》

傅汉思

【导读】

译作原文刊载于耶鲁大学研究生院刊物《试炼集》（*Ventures*）1965年第5期，第6页至14页，原题目为"'The Abduction'，'The War'，and 'The Desperate Husband'：Three Early Chinese Ballads"。

1965年，傅汉思发表了其首篇乐府研究论文《三首早期中国民谣》，正式开启了他对乐府诗的专题译介与研究。在这篇文章中，他细致剖析了乐府诗与欧洲民谣之间的四大共通点：音乐性、与文人精英有接触的非文人在口头上不断重塑、人们普遍关注的特定主题范围、鲜明的叙事风格。他进一步结合具体诗篇，分析了这些特性的具体体现，包括重复、即时性、细节的具体化、动物意象的使用、作为结构功能的对话、本土化倾向。

乐府诗是傅汉思中国古诗研究中着力最大的诗体。他通过个案研究、整体研究、专题研究及特定时期研究全面系统地揭示乐府诗的特性。在乐府诗个案研究中，傅汉思始终运用新批评方法和世界民谣的视角，针对具体问题得出了独到的见解，并发现了乐府诗与世界民谣之间的共通性。傅汉思之所以持续不断地研究乐府诗，原因在于他期望展示乐府诗在全球民谣和口头传统视角下所蕴含的独特魅力，以及对乐府诗的源源不断的新颖发现。

每位学者都认为自己的研究领域具有尚未完全揭示的研究价值和潜力，值得更多关注。我也不例外。我将努力证明，在研究早期中国诗的过程中，可以采取创新的方法，对具有广泛研究价值的问题形成有益的见解。为了使这一论证更加具体，我将探讨三首汉代（公元前 2 世纪至公元 2 世纪）无名氏的民谣，即乐府诗。这三首叙事诗简短、深刻、激动人心，并非由我发现。中国学者已对它们进行了数百年的研究和鉴赏，而且有些已被译为西方语言，但是鲜有人关注它们真正的文学特性。因此，我需要做的就是运用现代文学批评和阐释方法，同时将这些诗从孤立的本国文学范围中解放出来，与他国文学中的类似作品做比较研究。

为了进行比较，我们找到很多与乐府诗具有共同基本特征的欧洲民谣。从中世纪晚期（14 世纪，一些国家甚至更早）开始，十几种欧洲语言的民谣被创作出来，许多在口述传统中流传至今。我曾经将源自西班牙、德国及英格兰和苏格兰边界的民谣与中国乐府诗进行比较。

一些欧洲学者曾表示，最好的民谣、最早的民谣或者真正的民谣只能在西班牙、丹麦、德国、他们的故乡或任何看起来特别的地方找到。但近几十年，民谣专家摒弃了这种狭隘的民族主义观点，开始把欧洲民谣作为一个整体进行研究。他们追踪了相同主题的民谣，发现这些民谣在欧洲各地流传，超越了民族和语言的边界。更重要的是，他们发现欧洲民谣的共同特征，而这些特征并非由于文化交流或传播形成。这些发现迫使欧洲文学研究者将欧洲民谣视为一个独立、独特的体裁。另外，中国乐府诗在很大程度上仍被视为独特的中国现象。那么，我们不禁要问：乐府诗与欧洲民谣有什么共同之处？二者又有什么区别？在我看来，中国乐府诗与欧洲民谣具有以下基本特征：所有这些诗都是用来吟唱的，而不是用于朗读或诵读的；它们是由佚名者通过口头形式反复塑造而成，这些佚名者自己未受过教育，但他们与受过高等教育的人有接触；这些民谣仅涉及社会各界人士均感兴趣的主题；它们采取独特的叙事风格，使其有别于其他体裁。

虽然音乐是所有这些作品的重要组成部分，但我们没有与这些中国民谣相匹配的曲调。即便没有配乐，这些诗本身也有很多乐趣，同时也有很多值得研究的问题。下面，我将通过讨论这三首民谣的第一首来证明这一点。我在所有中文标题后面以括号形式添加了描述性的标题，原标题就是开篇第一句。

平陵东（劫持）

平陵东，松柏桐，不知何人劫义公。

劫义公，在高堂下，交钱百万两走马。

两走马，亦诚难，顾见追吏心中恻。

心中恻，血出漉，归告我家卖黄犊。

East of the P'ing-ling Tomb (The Abduction)

East of the P'ing-ling tomb,

Among the pines, the cypresses, the wu-t'ung trees,

I don't know who abducted our True Lord.

They abducted our True Lord

To the Magistracy

For a ransom of a million cash and two swift horses.

Two swift horses

Are hard indeed to get.

I look at the extorting constables, my heart is full of pain.

My heart is full of pain.

My blood is draining out.

Now back to tell my family to sell the brown calf.

　　这里的主题是一个好人含冤被捕，与许多欧洲民谣类似，例如《亚姆斯特朗》（*Johnie Amstrong*）。逮捕他的目的不是要杀死他，而是为了勒索钱财。从结构上来看，这首民谣非常规整。它分为四小节，每小节均由两个短句和一个长句组成。它有很多重复，让人联想到欧洲民谣中的一些重复手法。但实际上，这首诗使用的模式完全是中国特有的，可以在早期中国流行诗中找到：每节最后几个字构成下一节的开头。该特征（如同西方诗的叠句）清楚地表明这首诗分为几个小节，同时又将这几个小节连接在一起。

　　之所以讨论该结构特征，是因为我认为它与这首民谣的抒情过程有着重要联系。随着情节的展开，这种措辞的复迭与情节的重叠相呼应。因为每一节都是先重复上一节的末尾，再讲述新的情节，因此每个阶段都揭开了一层新的内容。当我们读到第二节时，我们发现第一节末尾提及的佚名强盗是有意误导读者的（或者说是有意营造强烈的讽刺意味）；在第三节，叙述者直面这些邪恶势力；在最后一节，他表示愿意筹集部分赎金，表明受到牵连。因此，他尊称受劫持者为"义公"（True Lord），说明他是受劫持者的忠实追随者。

　　"义公"身份不明，尽管中国注疏者一直努力将他与某个历史人物联系起来。根据欧洲民谣的相关研究，显然没有必要去寻找这首民谣背后的历史故事。即使确有其事，它也在民谣创造过程中被改造，甚至被改造得面目全非，因为创作的过程很有可能涉及几代传唱者。从这种创作过程中演变而来的故事具有典型性和普遍意义。它表面上的即时性具有欺骗性，而对即时性的模拟实际上是民谣艺术的重要组成部分。正如戈登·霍尔·杰罗德（Gordon Hall Gerould）在《传统民谣》（*The Ballad of Tradition*）中所言，这个故事的叙述方式"仿佛它刚刚发生过一样"。的确，这首民谣的开头包含了时间，也表明了地点。"平陵"字面意思是"平坦的土丘"（flat mound），是汉代皇帝汉昭帝的陵墓，他于公元前74年驾崩。因此，这首民谣一定是在此后创作的，但具体时间无法确定。平陵陵墓位于长安西北部，有关长安的讨论请参见另一篇同主题论文。在本诗中，平陵陵墓几乎没有任何历史或地理意义。它主要是为即将展开的情节营造气氛。这种气氛在第二句得到增强：松、柏和梧桐一般种植在陵墓周围。因此，开篇第一个联句营造了一种阴森的气氛，预示着悲剧即将发生。

诗的末尾有一个鲜明而具体的细节，即"黄犊"，这是所有优秀民谣的共性。这首诗以帝王陵墓开头，探讨生死、财产和自由等严肃问题，但以小牛犊作为结尾，二者形成强烈反差。读者看到，小牛犊尽管为普通百姓所熟知和珍视，但当他们被勒索巨额钱财之时，也只是杯水车薪，因而衬托出他们遭受的巨大不公。第二首诗也运用了这种类比的手法。

战城南（战争）

战城南，死郭北，

野死不葬乌可食。

为我谓乌：且为客豪！

野死谅不葬，

腐肉安能去子逃？

水声激激，蒲苇冥冥；

枭骑战斗死，驽马徘徊鸣。

梁筑室，何以南？何以北？

禾黍不获君何食？

愿为忠臣安可得？

思子良臣，良臣诚可思：

朝行出攻，暮不夜归！

They Fought South of the Walls (The War)

They fought south of the walls,

They died north of the ramparts.

Lying dead in the open, they won't be buried, the crows may eat

them.

Tell the crows for me:

Please enjoy a sumptuous meal!

Lying dead in the open, they surely won't be buried.

How can their rotting flesh get away from you!

The water runs deep and clear,

The rushes and reeds are dark.

The brave war steeds have died in battle,

The worthless nags neigh, running hither and thither.

The bridges have been made into buildings,

How can one go south?

How can one go north?

The grain is not harvested, how shall our lord eat?

And we who want to be loyal vassals, how can we succeed?

I think of you, fine vassals.

Fine vassals, indeed one should think of you.

In the morning you went out to attack,

In the evening you didn't come back for the night.

白英（Robert Payne）将这首诗收入其诗集《白驹集》（*The White Pony*）时，曾断言：“这完全是一首学院派作品。”果真如此吗？诗中使用的动物意象（“乌”和“马”）倒让我想起民间诗歌，尤其是民谣中普遍出现的半拟人化动物。例如：

> 有三只乌鸦停在树上，
>
> 它们黑得不能再黑。
>
> 其中一只对同伴说：
>
> “我们去哪里觅食？”
>
> “在那片绿色的田野下，
>
> 那儿躺着一个骑士，他死在盾牌下……”

在《战城南》中，有两段（第 5 句和第 12 ~ 14 句）的字面意思很难理解，使得这首民谣解读起来更加困难。学者的理解大相径庭。

下面试举几例，但不探究其语言细节。根据已故的闻一多和其他当代中国专家，第 5 句“且为客豪”的意思是，“请为陌生人哀悼”（Please perform the wail for the strangers），其中“陌生人”指客死他乡的士兵。德国汉学家霍布理（Peter Olbricht）把这句翻译为“Here lie brave vassals”（这里躺着勇敢的忠臣）。霍布理把第 12 句至 14 句“梁筑室，何以南？何以北？”翻译为“You, supports of the house, you, pillar of state, why in the South, why in the North (were you ordered to fight and to die)?”［你们，家族的支柱，国家的栋梁，何以南，何以北（你们是被命令战死沙场的吗）？］中日文学翻译泰斗阿瑟·韦利把这几句翻译为：“By the bridge there was a house. Was it south? Was it north? (There is no trace of it left.)”［桥边原是房屋。在南方？在北方？（早已没有任何痕迹。）］霍布理把“梁”这个费解的字理解为“pillars”（栋梁），我和韦利理解为

"bridge(s)"（桥梁），中国专家余冠英则直接忽略，认为它可能是某种早已失传的音符。

有人不禁要问：既然专家各执己见，那么如何找到正确的解读方式呢？很遗憾，我们可能永远无法找到正确的解读方式。但有一些线索表明，我们的理解方式是否正确。如果某种解读方式符合我们对某时期诗歌语言和体裁风格特征的理解与发现，使诗歌呈现出高度的一致性，使所有部分和元素都能合理地融合在一起，简而言之，就是能让整首诗连贯起来，那么这种解读方式就有可能是正确的。当然，这种内部验证只对上等诗奏效。因为劣等诗一经分析，便会露馅。

为了理解《战城南》这首诗，我们不妨看看其结构是否像《平陵东》那样提供了一些线索。这两首诗的结构截然不同。《平陵东》的韵律和诗节模式是规律而简单的，《战城南》则高度复杂且不规则。尽管如此，这首诗中有些韵律和声音的重复非常引人注目。

第 13 ~ 15 句的韵律模式和第 1 ~ 3 句完全相同，都是以"南""北""食"结尾；此外，否定词"不"出现在同样的位置。这些重复，在中文里可以被听见，可以被看见（在我的翻译中没有这么明显），说明"城"和"梁"，以及"乌"和"君"之间存在某种类比关系。"城"本是防御屏障，但未能阻挡敌人杀掠士兵。"梁"本是通信手段，但现在由于一些建筑活动（文本中未明确说明），阻挡了粮食的运输。换言之，"城"和"梁"的功能颠倒过来。同样，"乌"即将享受美味，而"君"却饥肠辘辘。

这种不寻常的重复由此将开头和中间部分联系起来。其他的类比结构则体现为更常见的联句和对偶。例如第 1 ~ 2 句、8 ~ 9 句、10 ~ 11 句、13 ~ 14 句和 19 ~ 20 句。再看看逐字对称的开头两句。字面翻译是"Fight wall(s) south/ Die rampart(s) north"，通过这种微妙的类比结构，短短六个词表达了很多含义。对词"南""北"的结构在早期中国文学中较为常见，例如"老幼"是指"所有人"，"日夜"代表"始终"。整体的抽象含义由两个具体的、相反的词表达出来。因此，"南北"可能意指"所有地方"，暗示到处都是战争，到处都在流血和死亡。"战"和"死"的对应位置表达了更多不祥的征兆：有战争，就有死亡。

实际上，根据我的理解，整首诗简约而有力地传达了战争的恐怖，以及战争对所有自然现象和关系带来的毁灭性打击：良臣（和骏马）被杀害，横尸遍野，城墙断裂，梁宇倒地，田地荒芜，君主挨饿，幸存的臣民无法为君主效劳，有去无回。战争打乱了一切。我们再看第三首诗。

东门行（绝望的丈夫）

出东门，不顾归；

来入门，怅欲悲。

盎中无斗米储，还视架上无悬衣。

拔剑东门去，舍中儿母牵衣啼。

"他家但愿富贵，贱妾与君共哺糜。

上用沧浪天故，下当用此黄口儿。今非！"

"咄，行，吾去为迟！白发时下难久居！"

The Eastern Gate (The Desperate Husband)

Out he goes through the Eastern Gate,

Without looking back.

He comes in through the Gate,

It hurts so much he wants to cry out.

In the jar no rice is stored.

He looks around: on the rack no clothes are hanging.

He grasps his sword and makes for the Eastern Gate.

In the house his children's mother pulls him by the gown and

cries:

"Other people just want wealth and honor;

I, your humble maid, will share with you plain rice gruel.

By the rule of blue Heaven up there,

For the sake of these 'yellow mouths,' your children, down

here:

This is wrong."

"Damn you! Out of my way! I must go, it's late.

My white hair keeps falling. I can't live here any longer."

开头两句和后面的内容似乎有些矛盾：首先，男人由"东门"出去，没有打算回来。但他又"入门"回家，可能还是通过"东门"。我认为，这一对比是有意营造的，类似《平陵东》（"不知何人""追吏"），但目的不同。绝望的丈夫的矛盾行为代表着他矛盾的心理状态。他在思想上同时走向两个相反的方向，而这首叙事诗按照一前一后的顺序叙述他的相反行为。东门在中国诗歌传统里是一个突出的意象。如同《平陵东》里陵墓周围的树木，以及《战城南》里的城墙和堡垒，它既是开头动作得以发生的道具，也是贯穿全诗的抽象概念。东门是两种相反人生的转折点。在东门内，贫苦、守法的百姓过着安静平凡的生活，有忠诚的丈夫和尽职尽责的父亲；在东门外，则是另一种人生：危险、非法、不道德，但有可能获得财富。其中涉及的危险，我们不得而知。男人深思熟虑出来的这个孤注一掷的计划，如同《战城南》里的军事行动，以及《平陵东》中受害者的处境，一样模糊不清。

一旦我们认识到，在民谣风格上，通过同一扇门的"出"和"来"动态地描写了两种非此即彼的生活方式，就不难看到丈夫和妻子之间的对话也起到了类似的作用，即戏剧化地展现一种心理状态——在两种生活方式之间进行艰难抉择的心理冲突。当然，由妻子来陈述顾家、顺从、不争的一面，劝说丈夫留在家里，是非常合适的。但与此同时，妻子的话正好说出了丈夫内心的恐惧，以及对危险道路的抗拒。这首诗通过两人之间的对话生动地体现了男人脑海中的两种对立观点。

　　对话是中国和欧洲民谣中常见的结构技巧。它们均融合了直接和非直接话语。有时，我们甚至不确定，人物是在相互交谈，还是诗人在为听众总结对话的要点，也许两者兼而有之。在这里，丈夫和妻子正在围绕对他们都很重要的事情进行激烈的争论。这段对话也可以这样解读，作者将一个复杂情况拆解为两个完全相反的因素，从而实现分别传达，这与《战城南》中观察到的过程相似。

　　东门在诗中还有另一个功能。它赋予这首诗一个地理方位，这和类似的欧洲模式相比变得有趣起来。欧洲民谣在设定动作初始场景时，有时明确，有时模糊。通常在开头就会确定一个方位，例如在英语民谣中，"国王坐在邓弗林城……"（The king sits in Dumferling toune…）"埃特里克森林是一片美丽的森林……"（Ettrick Forest is a fair forest…）。在西班牙语民谣中，"朱利安在休达……"（En Ceuta está Julián…）"在布尔戈斯这座城市……"（En esa ciudad de Burgos…）"来自梅里达的帕梅罗……"（De Mérida sale el palmero…）。德国民谣有时会根据歌者的家乡来调整地点。另外还存在一种地点模糊化的倾向，这是为了营造身临其境的效果："桑德斯牧师和玛格丽特女士／在绿色的花园里漫步……"（Clerk Saunders and may Margaret / Walk'd owre yon garden green…）"他走上一条路——勇敢的唐·贝纳多……"（Íbase por un camino—el valiente don Bernaldo…）。

中国民谣倾向于将精确和模糊的定位折中，所用的方法是使用罗盘上的方位找到相对的位置。"平陵东"提到一个精确的地名，即"平陵"，这在汉代以前的民谣中是罕见的，但是它加上"东"字，从而使其又和"城南"及其他汉乐府诗的常见开头保持一致。例如"有所思，乃在大海南……"（There is one of whom I think, / He lives south of the great sea…）；"飞来双白鹄，乃从西北来……（The pairs of white swans that come flying, / From the Northwest they come…）。这些相对的范围在场景未限定的前提下创造了一种场景精确的错觉。

这种精妙细腻和无限模糊的反常结合不仅在中国民谣的开头显而易见，而且贯穿全文。这是由于不论在中国还是在西方，口头传统的完善过程都较为缓慢。在西方，过去及当下的民谣历经无数次表演而不断重生，它们围绕世代歌者和观众共鸣的普遍人类主题与细节被精心筛选和优化。这种模糊与精准并蓄的叙述手法，经过匠心独运的结构设计，实现了情绪传递的极致效果，同时最大限度地削减了冗赘辞藻与直接评述。因此，即便跨越时空、语言与社会的鸿沟，早期的中国乐府诗仍能深深吸引今人。

【点评】

这篇文章通过比较中国乐府诗与欧洲民谣，以独特的视角揭示了两者之间跨越文化和历史的共性，不仅体现了傅汉思对乐府诗浓厚的兴趣，也展现了他运用新批评方法和世界民谣视角进行文学研究的独到见解。

傅汉思通过对《平陵东》《战城南》《东门行》三首诗的分析，展示了乐府诗与欧洲民谣的以下四点共性。第一，乐府诗与欧洲民谣都具有音乐性，这意味着它们原本是为了吟唱而非朗读。这一共性强调了诗歌与音乐的紧密结合，以及它们在社会文化活动中的表演性质。尽管现代读者可能无法完全体验到这些诗歌的音乐维度，但傅汉思的分析让我们意识到，音乐性是理解这些作品情感和节奏的关键。第二，这些诗歌是由未受教育的非文人在口头传统中不断重塑的，同时与受过教育的文人精英有所接触。这一点突出了乐府诗的民间性质和它们在社会中的流通性。这种口头重塑的过程不仅丰富了诗歌的内容，也使得诗歌能够适应不同的社会环境和时代背景。第三，乐府诗和欧洲民谣都关注人们普遍关心的主题，如爱情、战争、社会不公等。这种普遍性使得其能够跨越时间和空间，与不同文化背景下的观众产生共鸣。第四，文章还强调乐府诗鲜明的叙事风格，它们通过具体的故事和场景来表达情感与思想。这种叙事技巧不仅使得诗歌内容生动有趣，也使得诗歌能够传递复杂的社会信息和道德观念。

在《平陵东》中，傅汉思主要探讨了重复、即时性和细节的具体化。整首诗分为四小节，每小节均由两个短句和一个长句组成。不仅如此，每一节的开头都是先重复上一节末尾，再讲述新的情节。同时，这首诗提及具体的时间和地点，其叙述方式体现出即时性，这是民谣艺术的共性。最后，这首诗还以"黄犊"作为结尾，这样具体化的细节与生死、财产和自由等严肃问题形成强烈反差。

在《战城南》中，傅汉思主要探讨了重复和动物意象的使用。这首诗的韵律和诗节模式虽不规则，但仍体现出一定的规律。重复的使用既表现为传统的联句和对偶，例如对词"南""北"可能意指"所有地方"，暗示到处都是战争，到处都在流血和死亡，还有非传统的重复，例如"战城南，死郭北，野死不葬乌可食"和"何以南？何以北？禾黍不获君何食？"均是以"南""北""食"结尾，且否定词"不"出现在同样的位置，这些不仅是为了押韵或节奏，而是承载着深刻的象征意义和对比效果。通过这种结构上的巧妙安排，诗歌构建了一种强烈的视觉和情感对比——乌鸦的饱食与君主的饥饿、生与死的对照、和平与战争的冲突。由此推测，"乌"和"君"之间存在类比关系："乌"即将享受美味，而"君"却饥肠辘辘。这种不寻常的重复由此将开头和中间部分联系起来。

在动物意象的使用上，傅汉思认为，"乌"（乌鸦）和"马"的引入不仅是战争场景的描绘，它们还承载着丰富的象征意义。乌鸦作为食腐动物，其在战场上的形象强化了战争的残酷和死亡的气息。而马作为战争的工具，其徘徊和哀鸣则反映了战争对生命的摧残与对忠诚的背叛。这些动物意象的使用，不仅丰富了诗歌的情感层面，也加深了读者对战争后果的感受。

通过傅汉思的细致分析，我们可以看到，《战城南》中的重复和动物意象的使用，以及它们如何与诗歌的结构、主题和情感表达相结合，创造出一种强烈的艺术效果。他的研究不仅为我们提供了一种新的解读角度，也让我们对乐府诗的美学特质和文化价值有了更深刻的理解。

在《东门行》中，傅汉思深入探讨了对话作为诗歌结构功能的巧妙运用，以及本土化倾向如何影响诗歌的情感表达和主题传达。这首诗通过丈夫和妻子之间的争论展现了一种深刻的心理冲突，这种争论不仅是关于日常生活的琐事，而且还触及夫妻双方对于生活、道德和责任的根本看法。通过这种对话形式，傅汉思指出，作者有效地将一个复杂的情境拆解为两个对立的视角，分别进行传达，从而使得诗歌的叙事更加丰富和立体。丈夫的决绝与妻子的哀求，通过对话形式展现出来，使得读者能够直接感受到角色内心的挣扎和情感的紧张。这种对话不仅是情节发展的工具，更是深化人物形象、展现人物性格的重要手段。傅汉思认为，通过对话，诗歌创造了一种戏剧化的张力，让读者仿佛亲眼看见了这场争论，感受到了角色的情感波动。

同时，傅汉思还注意到"东门"这一元素在诗歌中的重要作用。在中国传统文化中，"东门"往往与出发、离别等意象联系在一起，它不仅是物理空间的标志，更是心理状态的象征。与欧洲民谣中地点的明确或模糊处理不同，中国民谣倾向于采取一种折中的方式，既赋予诗歌具体的方位，又保持了一定的模糊性，让读者在具体与抽象之间自由联想。这种处理方式不仅体现了中国诗歌的本土特色，也增加了诗歌的意境深度。傅汉思的分析还指出，这种对"东门"的具体而又含蓄的描述，反映了中国诗歌中对于空间和方位的独特处理。它既为诗歌提供了一个明确的背景，又通过含蓄的表达激发了读者的想象力，让读者在诗歌所描绘的场景中自由穿梭，体验角色的情感世界。

总体而言，傅汉思的研究为理解乐府诗提供了新的视角。尽管乐府诗和欧洲民谣在文化和语言上存在差异，但它们在艺术形式和表现技巧上却有着显著的相似性。这种跨文化的比较不仅丰富了我们对乐府诗的认识，也为我们提供了一种理解和欣赏世界各地民间文学的新方法。

耶鲁大学研究生院期刊《试炼集》

（*Ventures*）封面图

中国口头叙事诗的特征

傅汉思

【导读】

译作原文刊载于由法国汉学家吴德明（Yves Hervouet）主编、由巴黎中国高等研究院图书馆出版的《雅罗斯拉夫·普鲁塞克教授的中国历史和文学研究》（*Études d'histoire et de littérature chinoises offertes à Professeur Jaroslav Průšek*，1976），第97页至106页，原题目为"Some Characteristics of Oral Narrative Poetry in China"。

傅汉思在乐府诗专题研究方面的最大特色在于，他将乐府诗归入口头传统的文学范围，放在世界民谣的视域与欧洲民谣进行比较，探讨其作为口头传统的特性。他在这方面发表了三篇论文，分别是《中国口头叙事诗的特征》《乐府诗的口头和表演成分》（"Oral and Performing Aspects of Chinese Yueh-fu Poetry"）和《乐府诗中叙述者和角色关系》（"The Relation between Narrator and Character in Yuefu Ballads"）。

这篇文章从捷克汉学家雅罗斯拉夫·普实克（Jaroslav Průšek）对河南坠子的研究出发，结合欧洲民谣，揭示了汉代和后汉无名乐府诗所具备的三大鲜明特色，即程式化语言、固定形式的重复、夸张。文中选例包括《陌上桑》（全译）、《孔雀东南飞》（节译）、《江南》（节译）、《木兰诗》（节译）。这些特点不仅体现了中国口头叙事诗的独特魅力，也为我们进一步理解和研究世界文学的共通性与差异性提供了宝贵启示。

文学中口头传播与书面传播的根本二分法直到近期才被理解。在中国和其他地方，对于口头传承作品的保存与研究尚未得到充分重视。雅罗斯拉夫·普实克教授是研究中国通俗文学的先驱。他的研究对中国文学和比较文学的学者而言具有极高价值。普实克教授研究的独特之处在于，他充分关注民间文学的文学品质，这在同领域的研究者中显得尤为罕见。

本文的研究基础源于普实克对"坠子书"的研究。[1] 坠子书是一种自20世纪初在中国河南省广泛流传的口头叙事诗。普实克的研究大量参考了张长弓的坠子书专著，[2] 从中获取了丰富的文本材料、事实信息和特征描述。普实克的许多解释性分析和综合思考展现出极高的原创性，远远超越了前人的研究。在下文中，我将指出，在普实克所发现的坠子书特征中，有三个特征与中国早期叙事诗中的口头传统——汉代和后汉（公元前2世纪至公元6世纪）无名氏乐府民谣具有显著的联系。此外，我将在一些明确为口头传播的欧洲民谣中，提出类似的文学现象。

这三个特征分别是程式化语言、固定形式的重复和夸张。下文将以一首有趣的无名氏乐府诗《罗敷》为例，来阐释和探讨这些特征。这首乐府诗可能起源于公元1世纪或2世纪，一些文献亦称其为《陌上桑》。

日出东南隅，照我秦氏楼。秦氏有好女，自名为罗敷。罗敷
憙蚕桑，采桑城南隅。青丝为笼系，桂枝为笼钩。头上倭堕髻，
耳中明月珠。缃绮为下裙，紫绮为上襦。行者见罗敷，下担捋髭
须；少年见罗敷，脱帽著帩头。耕者忘其犁，锄者忘其锄。来归
相怨怒，但坐观罗敷。（一解）

使君从南来，五马立踟蹰。使君遣吏往，问是谁家姝？秦氏

---

① 参见 Jaroslav Průšek, "Die *chui-tsï-shu,* erzählende Volksgesänge aus Ho-na", in Asiatica: *Festschrift Friedrich Weller* (Leipzig, 1954), pp. 453–483。

② 参见张长弓著，《河南坠子书》，北京：三联书店，1951 年。

有好女，自名为罗敷。罗敷年几何？二十尚不足，十五颇有余。使君谢罗敷："宁可共载不？"罗敷前置辞："使君一何愚！使君自有妇，罗敷自有夫！"（二解）

"东方千馀骑，夫婿居上头。何用识夫婿？白马从骊驹，青丝系马尾，黄金络马头；腰中鹿卢剑，可直千万余。十五府小吏，二十朝大夫，三十侍中郎，四十专城居。为人洁白皙，鬑鬑颇有须。盈盈公府步，冉冉府中趋。坐中数千人，皆言夫婿殊。"（三解）

第一个特征，即程式化语言，被广泛视为口头叙事诗歌的标志之一。[①]普实克指出，坠子书与其他形式的通俗文学一样，都倾向于大量使用程式化语言和套语，仅根据特定情境进行微调。虽然汉代和后汉乐府诗数量有限，未能全面揭示这一现象，但现存乐府诗已然展现了此类特征。在研究一首最长的无名氏乐府诗《孔雀东南飞》（共 355 句，可能创作于公元 3 世纪中叶）时，我发现这首诗超过一半的内容采用了程式化和公式化的表达方式。在《罗敷》中，有三个程式化语言的例子：

（1）第 3、4 句（秦氏有好女，自名为罗敷）在第 25、26 句重复。并与《孔雀东南飞》中的对联句即第 37、38 句相似：东邻有贤女，自名秦罗敷。

在《孔雀东南飞》中，第 37 句在第 321 句重复。短语"自名"（意为"称为"）也可以被视为程式化语言；它在《孔雀东南飞》的第 349 句重复出现：自名为鸳鸯。

---

① 在 20 世纪的南斯拉夫，马蒂亚·穆尔科（Matija Murko）、米尔曼·帕里（Milman Parry）、阿尔伯特·洛德（Albert B. Lord）等人对程式在现有史诗和民谣歌唱传统中的作用进行了广泛的研究，帕里、洛德等人还研究了荷马史诗中的程式化语言。参见 Albert B. Lord, *The Singer of Tales*. Cambridge, Mass.: Harvard University Press, 1960。

（2）第9、10句（头上倭堕髻，耳中明月珠）与《孔雀东南飞》中的第96、97句类似（腰若流纨素，耳著明月珰）。

（3）第41句（黄金络马头）是程式化语言，也出现在汉代其他两首无名氏乐府民谣中。

第二个特征是重复。普实克指出，同一首诗中词、短语乃至段落的重复构成了坠子书创作过程中的审美原则。[①]虽然重复是众多诗歌形式的共同原则，无论其呈现为口头还是书面形式，但在此，我想聚焦于普实克提到的两种重复类型，它们尤为凸显口头诗歌的特质。一种可界定为一种递进式的序列陈述，每一步都略有变化。这种手法用于构建叙述和描述。另一种则体现为一位说话者重复另一位说话者或叙述者所说过的话。

在《罗敷》中，可以观察到递进式序列的例子（第13～18句和第44～47句）。汉代乐府民谣[②]中也出现了这一手法的早期原始形式：

鱼戏莲叶间。鱼戏莲叶东，鱼戏莲叶西，鱼戏莲叶南，鱼戏莲叶北。

在可能源于公元5世纪或6世纪的民谣《木兰辞》[③]中，有两个例子同样展现了上述特征的两个例子。

东市买骏马，西市买鞍鞯，南市买辔头，北市买长鞭。

---

① 参见 Průšek，"*Die chui-tsï-shu*"，pp. 468–470。

② 《江南》，收于郭茂倩《乐府诗集》，26.9a–b。

③ 《木兰诗》（两首诗中的第一首），收于郭茂倩《乐府诗集》，25.10a–11a。这首诗以木兰为主角，描述了她替代年迈父亲出征战场的传奇故事。参见英译本：Arthur Waley，*Chinese Poems*，pp. 113–115，法译本：Wong T'ong-wen and Jean-Pierre Dieny in Demiéville，*Anthologie*，pp.189–191。

……

　　爷娘闻女来，出郭相扶将；阿姊闻妹来，当户理红妆；小弟
闻姊来，磨刀霍霍向猪羊。

同样的现象在欧洲民谣中也很常见。例如，苏格兰民谣《恰尔德·沃特斯》（*Child Waters*）：

> 但这位女士第一步踩下去，
>
> 水漫到了她的膝盖；
>
> "哦，天哪！"这位女士说，
>
> "这水对我来说太深了。"
>
> 这位女士第二步踩下去，
>
> 水涨到了她的腰间；
>
> 这位快乐的女士叹了口气：
>
> "我的金色腰带湿了。"
>
> 这位女士第三步踩下去，
>
> 水涨到了她的胸口；
>
> 她两侧的孩子，
>
> 因寒冷开始颤抖。[①]

接下来讨论另一种重复现象。由于它涉及言语，我们首先需要考虑口头叙事诗中言语的作用。普实克曾经指出一个基本现象，他写道："在流

---

① Francis James Child (ed.), *The English and Scottish Popular Ballads* (Boston, 1882–1898), No. 63B. 这种递进式的序列是部分程式化的，类似例子参见 No. 4B (Lady Isabel and the Elf-Knight), st. 5–9；No. 93A (*Lamkin*), st. 18；No. 215D (*Rare Willie Drowned in Yarrow*), st. 8；No. 216C (*The Mother's Malison*), st. 26–28。

行文学作品中……独白和对话的界限往往模糊不清。"[1] 在我看来，口头诗歌的本质似乎倾向于淡化直接言语和间接言语之间的区别，以及独白、对话和叙述之间的界限。欧洲文学学者在古今诗歌和小说中发现了类似的混合形式，并将它称为"自由间接文体"（style indirect libre）或"体验话语"（erlebte Rede）。[2] 我认为，口头叙事诗是戏剧表演的原始形式，在戏剧表演中，叙述者和演员往往融为一体。歌者可能会毫无预兆地从客观叙述的身份切换到扮演一个或多个角色，随后又自然回到叙述者的身份。故事中的角色对话，在独白中的自省，都是直接向观众传达的。故事虽然设定在过去，但其在当下被演绎出来。在口头传唱的西班牙民谣（romances）中，叙述者的过去时态常常自然而然地侵入正在讲述的故事对话中，例如：

> 好伯爵费尔南·冈萨雷斯，——国王派人来找你，
>
> 你要去参加议会——议会原来在里昂举行；
>
> 如果你去那里，伯爵，——他们会给你丰厚的奖赏；……[3]

在讨论西班牙民谣的这一特征时，斯蒂芬·吉尔曼（Stephen Gilman）精准地提及"双重指向性"的概念：歌者既与观众互动，又与故事中的角

---

[1]　参见 Arthur Waley, *Ballads and Stories from Tun-huang, in Archiv Orientální,* 31 (1963), p.489。我同意普实克的观点，即此时他所讨论的文本（孟姜女传说），如果将其开篇段落视为已故丈夫的幽灵所说，而不是韦利理解的叙述者所说，会更有意义。但是，关于口头诗歌中言语的作用，我不同意普实克的观点。

[2]　Wolfgang Kayser, *Das sprachliche Kunstwerk,* 6th ed. (Bern, 1960), pp.146–147.

[3]　F. J. Wolf and C. Hofmann eds., "Romance del Conde Fernán González", *Primavera y Flor de Romances* (Berlin, 1856), No. 17. 西班牙民谣中时态的明显混乱总是让 romancero（一种西班牙抒情叙事诗）的研究者感到困惑。匈牙利学者约瑟夫·塞蒂奇（Joseph Szertics）给出了一个令人信服的解释：叙述者将自己的声音与角色的声音混合在一起（*Tiempo y verbo en el Romancero Viejo* [Madrid, 1967], pp. 82, 195）。

色互动。[①]

　　"双重指向性"的概念有助于理解中国口头诗歌的特定言语模式，尤其是其重复特征。在《罗敷》第38句中，女主人公的问题（"何用识夫婿？"）在我看来具有双重指向性：她既是对使君说的，也是向观众说的。随后，她又自问自答。更有趣的是，使君手下提出的问题及其得到的回答（第23～31句）没有完全遵循传统的直接或间接叙述方式，而是两者交织的复杂表达。特别是第25、26句（秦氏有好女，自名为罗敷），并非对第24句问题（问是谁家姝）的真正回应，而是对前文叙述（第3、4句）的精准重复。它们具有双重指向：既指向提问者，也指向观众。正如普实克所指出的，在坠子书中，许多对话均基于重复和递进式发展的原则构建，[②] 其中有些对话同样呈现出双重指向性的特质。

　　对话中的重复是推动情节发展的常用手段，在欧洲民谣中亦不乏其例。这里有两个例子。第一个例子是西班牙15世纪的一则传奇故事。

> "他们叫我唐·罗德里戈，也叫我劳拉的唐·罗德里戈，
>
> 贡萨洛－古斯托斯的妹夫，桑查小姐的兄弟；
>
> 萨拉斯的七位贵族青年，是我的侄子和侄女。
>
> 我在这里等待穆达拉，那个叛徒女人的儿子；
>
> 如果他出现在我面前，我会把他的灵魂挖出来。"
>
> "如果他们叫你唐·罗德里戈，或者叫你劳拉的唐·罗德里戈，
>
> 他们叫我穆达拉·贡萨雷斯，那个叛徒女人的儿子，
>
> 贡萨洛·古斯托斯的儿子，桑查小姐的继子；

---

① Stephen Gilman, "On 'Romancero' as a Poetic Language", in *Homenaje a Casalduero*. (Madrid: Gredos, 1972), pp. 151–160.

② 参见 Průšek, "*Die chui-tsï-shu*", pp. 469–470。

萨拉斯的七位贵族青年，是我的兄弟；

你背叛了他们，叛徒，在阿拉比亚纳山谷；

但愿上帝帮助我，你的灵魂将留在这里。"①

现在，我们来看一段 18 世纪德国流行民谣的节选。

"我是法尔肯斯坦的领主，

我自报姓名。"

"如果你是法尔肯斯坦的领主，

是那位尊贵的领主，

我为我的一个囚犯请求您，

我想嫁给他。"

"我的囚犯，我不会把他交给你，

他必须在塔里腐烂；

法尔肯斯坦有一座深塔，

就在两道高墙之间。"

"如果法尔肯斯坦有一座深塔，

就在两道高墙之间，

我会站在城墙上，

为他哀悼。"②

前面援引的中国民谣《木兰辞》同样运用了类似的重复手法，尤其是在直接话语和叙述者叙述的界限往往不甚分明的段落中：

① F. J. Wolf and C. Hofmann, *Los Infantes de Lara*, No. 26.

② Hans Fromm ed.，"Es reit der Herr von Falkenstein"，*Deursche Balladen* (Munich, 1961), pp. 29-30.

问女何所思，问女何所忆。女亦无所思，女亦无所忆。

尽管《木兰辞》通常以第三人称指代女主人公木兰，但在叙述的某个节点上，却意外地切换到第一人称：

开我东阁门，坐我西阁床，脱我战时袍，著我旧时裳。

在这里，扮演女主人公的歌者直接对观众讲话。这种从第三人称到第一人称的直接切换普遍见于坠子书，例如《新婚之夜秃头夫妇的嬉闹》（ *The Bald Couple's Horseplay on Their Wedding Night* ）中的联句：

秃头女孩抬起头看：我的丈夫从外面走进来。[1]

下面谈谈口头叙事诗的第三个特点，即夸张。张长弓和普实克均指出，在坠子书中，现实主义与夸张手法并存。较为突出的表现是，诗中出现的普通人物往往身着昂贵华服，佩戴珍贵饰品，梳着复杂精致的发型。[2] 这种手法在《罗敷》中亦有所体现。一个外出采摘桑叶，与农民一同劳作的普通妇女，不太可能像罗敷那样打扮得如此华丽（第 7 ~ 12 句）。我认为，这种对财富的非现实描绘，实际上反映了卑微民众对财富的不切实际的幻想。他们通过文学作品，如歌曲、故事和戏剧，将男女主人公"打扮"得如此华丽，以此在文学世界中享受现实生活中难以企及的奢华。这与中国戏剧服装中常见的那种有意忽视真实性的艺术处理手法有着异曲同工之妙。

在欧洲民谣中，我们也发现了大量使用金、银及其他昂贵材料的不现实的现象。英国民谣中有一个广为流传的程式，即给马匹配备金银蹄铁：

---

[1]　张长弓，《河南坠子书》，第 106 页。

[2]　张长弓，《河南坠子书》，第 57～60 页；Průšek, "*Die chui-tsï-shu*", pp. 472, 477.

"前蹄银辉映照，后蹄金焰燃烧。"[1] 欧洲民谣中男女角色所拥有的或吹嘘的惊人财富，已被证明往往与魔法、超自然生物和仙境密切相关。[2]

另一种创造性的夸张手法体现在《罗敷》结尾部分。关于诗中的罗敷是否如实描述其丈夫，抑或对其进行了夸大甚至完全虚构，注疏者和批评家一直存在分歧。我赞同萧涤非依照吴兢（670—749 年）和陈祚明（清朝）的建议所提出的诠释，该诠释亦得到桀溺（Jean-Pierre Dieny）的认可。按照这种观点，罗敷只是一位普通妇女，可能单身，或嫁与同一社会阶层的男性。在关键情境下，为了拒绝使君的接近并使其感到羞愧，她虚构了一个社会地位更高的丈夫。正如我们先前所注意到的，罗敷对其"丈夫"职业的快速总结构成了一个典型的递进式序列（第 44 ~ 47 行），而且随着故事情节的推进，她所描绘的丈夫形象愈加高大。实际上，她巧妙地虚构了两个不同身份的人物，一位是军事领袖（第 36 ~ 43 行），一位是文官（第 44 ~ 53 行）。她通过这种巧妙的虚构所取得的胜利无疑为观众带来了欢愉，无论其社会背景如何。遗憾的是，我们无从获知这位无名氏诗人来自哪个社会阶层，以及该作品是为谁而创作的。我倾向于同意桀溺的观点，即《罗敷》本质上是一首口头民谣；但在其现存的形式中，它很可能已经被上层阶级的诗人丰富或至少润色过，以适应贵族观众的审美。[3] 综上所述，在缺乏实际表演记录的情况下，我们难以断定某部文学作品是否源自口头传统。为了洞察口头叙事诗的真实面貌，我们应对现代和当代表演文学进行更为详尽的研究，比如借鉴普实克及其弟子所开创的研究路径。

---

[1] Child, *The English and Scottish Popular Ballads,* No. 39A（"Tam Lin"）, st. 16; No. 73A（"Lord Thomas and Fair Annet"）, st, 16; and with variations of the formula: No. 83B（"Child Maurice"）, st. 1; No. 91E（"Fair Mary of Wallington"）, st. 5; No. 94（"Young Waters"）, st. 4.

[2] 参见 Lowry Charles Wimberly, *Folklore in the English and Scottish Ballads* (Chicago, 1928), p. 143,180–187。

[3] Diény, *Aux origines de la poézie classique en Chine,* Leiden: E. J. Brill, 1968, p.135.

第三章

推陈出新
传译诗彩华章

　　傅汉思的古诗英译作品主要见于其代表作《中国诗选译随谈》《玉骨冰魂》和各种学术论文中。他的古诗英译选材数量多，体裁广，首译多，重点鲜明。傅汉思一生全文译介的古诗多达 221 首，几乎涵盖了广义上中国古诗的所有体裁。他的古诗译介坚持原创，即使对于已有前译的诗篇，他也从不照搬照抄，而是选择重译。本章所选《梅花赋》是该赋在英语世界乃至西方世界的孤本翻译。从数量上看，"梅"是傅汉思译介频次最多的题材，曹植是其译介最多的诗人，乐府是其译介最多的诗体。这三个译介重点的形成受到海外汉学、中西文学批评和个人品位等的综合影响。

　　傅汉思的古诗英译以凸显源文学异质性和兼顾传播效果为总体理念，以再现原诗诗性和兼顾译诗诗性为主要策略。他通过再现古诗核心诗学要素和文体特色凸显原诗诗性。一方面，他最大化地再现中国古诗核心的诗学要素——词序、修辞、意象；另一方面，他以高度的文体意识指导古诗英译，努力在译诗中再现不同文体的特性，向西方世界展示了中国古诗诗学共性之外的诗体差异。傅汉思对译诗诗性的照顾体现在韵律、语汇和句法等层面。

不同的译者身份决定了不同的译介目的和译诗理念。对傅汉思而言，作为美国首位对中国文学做纯文学研究的学者和大学教授，他致力于发现中国文学的特质，并传授给中国文学学习者，因而选择在译诗中最大化地彰显原诗的文体特色。除专业汉学家外，傅汉思另一个独具特色的身份是西方诗人。其译诗的首要目的为大众传播，旨在传递基于中国古诗灵感的英语文学体验，为西方大众提供纯粹的艺术享受，新诗运动时期的庞德（Ezra Pound）、陶友白（Witter Bynner）、洛威尔（Amy Lowell）便是代表。由于缺乏中国诗学的积淀而熟稔英语诗学，其古诗英译活动不再是严格意义的"翻译"，而变成了机动灵活的"改写"。古诗的某些元素和体验为之所用，很好地融入英语诗歌的语境，其译诗的可读性与其创作的诗歌一样高，能够在英语世界实现最大化的传播。但与此同时，古诗自身的特性在译诗中大幅削弱。

在历史上，传教士、诗人、旅华作家、专业汉学家先后成为古诗英译的主体。专业汉学家译诗之"新"在于对原诗理解更透彻，而除此之外，傅汉思译诗之"新"则是译诗对原诗的"透视"。傅汉思的译诗实现了欧阳桢（Eugene Eoyang）提出的文学翻译标准——"透明"。欧阳桢将译者和译作比作"透明之眼"：翻译得越准确，透视原文的眼睛便越透明，否则会妨碍我们的视线，阻止我们对原文的充分审视。[①]傅汉思通过凸显原诗的文体特点，创造了逼肖原作的"透明"译诗，向西方读者最大化地展现了中国古诗的诗学风貌。难能可贵的是，他的译诗也保持了高度的可读性和文学性。然而，由于中英语言的差异，傅汉思无法将原诗中所有的诗学

---

① Eugene Eoyang, *The Transparent Eye: Reflections on Translation, Chinese Literature, and Comparative Poetics*, Honolulu: University of Hawaii Press, 1993, p.xv.

要素悉数再现；由于中英诗学的差异，在译诗中靠近原诗诗学势必在一定程度上损伤译诗本身的诗性。当然，这也是译诗中无法避免的遗憾。傅汉思是较早探讨古诗英译历史、技巧和理论的汉学家，本章选取其译论《20世纪50年代以来的中国古诗英译：问题与成就》以飨读者。

傅汉思的古诗英译具有开创性的价值：他将100余首古诗首次译介到英语世界，让西方读者感受到了中国古诗的文学魅力。他的古诗英译收到了很好的译介效果：其译诗品质得到了中外各界的广泛认可，其重点选材迅速引发了美国汉学界的热译，其译诗理念对诸多古诗英译者产生了影响。傅译《木兰辞》被用作1998年迪士尼动画电影《花木兰》的官方翻译，傅译《陌上桑》《战城南》《野田黄雀行》《吁嗟篇》译文入选截至当时"最为完整、最好的中国诗歌西方语言翻译文本"——《葵晔集：历代诗词曲选集》（*Sunflower Splendor: Three Thousand Years of Chinese Poetry*，1975）。据全球最大的在线联合书目网站WorldCat显示，《中国诗选译随谈》被收入全球691家图书馆的馆藏。傅汉思对曹植诗和乐府诗的集中译介活动在短时间内掀起了它们在西方译介的热潮，二者的专题译著相继问世。傅汉思再现原诗形式的译诗理念得到了同辈汉学家的效仿和后辈汉学家的继承，包括葛瑞汉（A.C. Graham）、大卫·拉提摩尔（David Lattimore）、宇文所安、康达维、傅恩（Lois Fusek）等。

《梅花赋》①

萧纲 著　傅汉思 译

【导读】

本文刊载于由美国汉学家毕嘉珍（Maggie Bickford）主编、阿瑟·施瓦兹出版社出版的《玉骨冰魂：中国艺术中的梅花》（*Bone of Jade, Soul of Ice: The Flowering Plum in Chinese Art*）中的"梅花诗"一章，第 154 页至 157 页，英译题名为 "The Flowering Plum"。

傅汉思对"梅"情有独钟，先后三次集中译介"梅花诗"，共计 25 首。1952 年，他发表其中国文学研究的处女作论文《中国诗歌中的梅树》，全文共选译 15 首"梅花诗"。1976 年，他出版集翻译、阐释和研究于一体的专著《梅花与宫闱佳丽：中国诗选译随谈》，全书不仅以"梅"命名，而且开篇即长篇"梅花诗"即《梅花赋》的全译与评论。1985 年 4 月至 6 月，耶鲁大学艺术馆东亚部举办了名为"玉骨冰魂：中国艺术中的梅花"的展览。傅汉思为会展同名刊物贡献 19 首梅花主题诗词的全译，编入第三章"梅花诗"，这是傅汉思对"梅花诗"最完整、最成功的一次译介。这

---

① 收于《梁简文帝集》，1/13b–14a；《全梁文》，8/8b–9a；《历代赋汇》，124/1a–2a；《初学记》，28/682；《艺文类聚》，86/6a；Hans H. Fränkel, "The Plum Tree in Chinese Poetry", *Asiatische Studien*, 1952(6), pp. 99–102; Hans H. Fränkel, *The Flowering Plum and the Palace Lady: Interpretations of Chinese Poetry*, New Haven and London: Yale University Press, 1976, pp. 1–6。这首诗属于赋，在流传过程中部分内容散佚。《初学记》和《艺文类聚》保存的两个版本有重合之处，但均不完整。《初学记》收录了第 1～28 行和第 33～52 行；《艺文类聚》则收录了第 13～16 行、第 23～36 行，第 45～46 行和第 49～52 行，并在第 32 行和第 33 行之间插入了一个联句。该联句在《全梁文》和《历代赋汇》的收录版本中亦有出现，但应视为后世的增补或伪造，故而应予剔除。我的翻译是在 1976 年版本的基础上完成的。

里呈现的便是《梅花赋》1984 版译本。

《梅花赋》是一篇极富代表性的咏物赋，作者是南北朝两梁朝的皇帝和文学家萧纲。全文上片写梅花盛开的景象，细致描摹了梅花的生长环境和形态气质，下片写丽人赏梅的情态，结尾处触景生情，由梅花随风飘零而产生青春已逝、容颜易老的怅惋之情，似有所寄托。《梅花赋》具备其他辞赋的共性特点，即文采华丽，辞藻丰富；句式错落，追求排偶；音节铿锵，声律谐协。（见表 3—1）

表 3-1

层城之宫 灵苑之中 ①	In the many-walled palace's Sacred garden:
奇木万品 庶草千丛	Marvelous trees, a myriad kinds, And smaller plants in thousandfold profusion,
光分影杂 条繁干通	With lights diffused and shadows mingled, Twigs abound and trunks are everywhere.
寒圭变节 冬灰徙筒 ②	When the cold sundial marks the change of season And wintry ashes shift in the tubes,
并皆枯悴 色落催风	They all wither and fade, Their loveliness falls, destroyed by the wind.
年归气新 摇云动尘	The year turns, the air is new, Rousing the plants and stirring the earth.

---

① 此处，正如许多后世诗歌所描绘的那样，一树树寒梅竞相绽放在皇家庭院中。作者萧纲是南梁皇太子，晚年曾短暂地作为简文帝登基。南梁定都建康（今南京）。
② 一种宫廷日历工具：将芦苇膜烧成灰，放入不同的律管中，其运动可预测节候。参见《后汉书·志》，1/3016。

梅花特早 偏能识春	The flourishing plum is the earliest to blossom, She alone has the gift of recognizing spring.
或承阳①而发金 乍杂雪而被银	Now, receiving yang, she brings forth gold, Now, mingling with snow, she wears a cloak of silver.
吐艳四照之林 舒荣五衢之路	She exhales glamour and lights up the grove all around her, She spreads splendor at the meeting of five roads.
既玉缀而珠离 且冰悬而霄布	As jades are joined and pearls strewn, So ice is hung and hail spread.
叶嫩出而未成 枝抽心而插故	Tender leaves sprout, not yet formed; Branches pull out fresh shoots and stick them onto old twigs,
摽半落而飞空 香随风而远度	Petals from the treetop fall halfway and fly in the air, Sweet scent goes with the wind to faraway places.
挂靡靡之游丝 杂霏霏之晨雾	She suspends slow-drifting gossamer And mingles with heavy morning mist.
争楼上之落粉 夺机中之织素	She competes with cosmetic powder dropped from upstairs And surpasses silk on the loom in sheer whiteness.

---

① 与阴或暗相对，可表现为光和春。

乍开花而傍嶝 或含影而临池	Now, breaking into flower, she leans on a hillside, Now, reflecting her own image, she overhangs a pond.
向玉阶而结彩 拂网户而低枝	Stretching toward jade steps, she forms brilliant patterns; Gently brushing a carved door, she lowers her branches.
于是重闺佳丽 貌婉心娴	Thereupon, in the many-cloistered ladies' quarters an exquisite beauty, Her appearance delicate and her mind refined,
怜早花之惊节 讶春光之遣寒	Loves the early blossoms that spur in the season And welcomes glorious spring's putting the cold to flight.
夹衣始薄 罗袖初单	Her lined gown is thinner now, unpadded, Her silk sleeves are now of single thickness.
折此芳花 举兹轻袖	She plucks those fragrant blossoms, Raising this dainty sleeve.
或插鬓而问人 或残枝而相授	She'll stick some in her hair and ask how it looks Or breaks off a branch and give it away.
恨鬓前之太空 嫌金钿之转旧	She hates too much bareness in front of her knot And is tired of the golden hairpin she has worn so long.
顾影丹墀 弄此娇姿	She looks back at her shadow on the red steps And, posing, fondly eyes her graceful carriage.

洞开春牖 四卷罗帷	She opens wide the spring windows, She rolls up the silk curtains on all four sides.
春风吹梅畏落尽 贱妾为此敛蛾眉[①]	"The spring wind blows plum petals, I fear they all will fall, So I knit my moth-antenna eyebrows.
花色持相比 恒恐愁失时	Blossoms and beauties are alike, We always worry that time will pass us by."

【点评】

傅汉思在译介《梅花赋》时，注重在译诗中充分再现原诗的文体特点。首先，他以形式多样、语义丰富的选词和搭配在译诗中再现了辞赋文辞藻饰的特点。例如对于前四句"层城之宫／灵苑之中／奇木万品／庶草千丛"中的"奇""万""千丛"，译诗分别以"wondrous""myriad""in thousandfold profusion"与之对应，富有文学色彩，加之译诗用跨行、冒号、逗号营造了铺排的华丽质感。其次，傅汉思以散文化灵活多变的英语句式再现了赋体句式错落的特点，以具有严谨对应关系的平行结构再现了赋体言语骈俪的特点。全诗有四言句、五言句、六言句、七言句。相应地，译诗句式也十分多样，其中简单句包括"主谓"、"主谓宾"和"主系表"结构，复杂句包括"动词 +ing"状语前置、"动词 +ing"状语后置、"动词 +ed"状语结构、"with"状语结构、定语从句、时间状语从句。以上句式有的单独成行，有的跨越两行，有的甚至占据四行，多样的跨行现象和句式的多变、句式的诗学变异一起，共同塑造了译诗错落有致的特点。最后，《梅花赋》中的押韵、律动、大量句内平行和句间对偶的铺陈均构

---

① 古人常把女子的眉毛称作"蛾眉"，意思是像飞蛾的触须。

成了原诗谐悦的听觉效果，傅汉思亦借助不同方式传递了这一特性。例如行中韵，即邻近词的押韵。例如"动词 -ing"押韵：摇芸动尘（rousing the plants and stirring the earth）；相邻或邻近词押韵或近似韵：既玉坠而珠离（So ice is hung and hail spread）、花色持相比（Blossoms and beauties are all alike）。再如行间韵，即上下联对应位置语词的押韵。如"动词 -ing"押韵：或承阳而发金，或杂雪而被银（Now, receiving yang, she brings forth gold / Now, mingling with snow, she wears a cloak of silver），辅音首字母押韵：寒圭变节，冬灰徙箮（When the cold sundial marks the change of season / And wintry ashes move in the calendar pipes）。此外，译本的注释也是傅汉思"梅花诗"译介的出彩之处，尤其对文化负载词"箮"、"阳"和"蛾眉"的注解。

傅汉思的"梅花诗"译介对中华文化国际传播和美国中国艺术史研究均产生了深远影响。它让西方读者首次系统而深入地了解到了"梅花诗"的诗学韵味、梅花丰富的母题含义及它在中国传统文化中的重要地位。《玉骨冰魂：中国艺术中的梅花》虽为展览刊物，但目前也已被全球 254 家图书馆收入馆藏，足见其质量之高和影响力之大。该展览先后于 1978 年 1 月 23 日至 3 月 24 日、4 月 18 日至 6 月 16 日、7 月 12 日至 9 月 8 日在加州大学伯克利分校艺术博物馆、耶鲁大学艺术馆、圣路易斯艺术博物馆举办，为美国西部、东部和中部大众奉献了一场梅花的文艺盛宴。傅汉思的"梅花诗"译介为多位美国汉学家的中国诗、画、文物研究提供了启发，如哥伦比亚大学韩文彬（Robert E. Harrist Jr.）教授的中国画研究、西雅图艺术博物馆名誉馆长倪密·盖茨的中国装饰艺术研究，从而推动了美国中国艺术史研究的发展。更为重要的是，傅汉思的"梅花诗"译介成就了北美墨梅研究的权威毕嘉珍（Maggie Bickford）。

20 世纪初中西方学界对文学母题的研究是傅汉思关注"梅花诗"的时代背景，他对"梅花诗"的集中译介体现了对中国传统文化的高度认同及与张充和的伉俪深情。在《中国诗歌中的梅树》一文包含的梅花母题含义中，傅汉思着墨最多的是"女性气质"和"文人的陪伴"。"女性气质"方面：一方面，张充和的才情堪比暗香远溢的梅花。她集诗、书、画大家与昆曲大师于一身，被誉为民国"最后的才女"。另一方面，张充和的品性好比凌寒静放的梅花。她一生恬淡自适，在晚年受访时，曾流露出对文人技艺的"把玩"态度，并表示偏爱古朴安静的生活方式。"文人的陪伴"方面：张充和是傅汉思汉学翻译与研究事业的启蒙人、助力者和完美拍档。首先，北平交往期间，张充和的传统士文化底蕴对傅汉思产生了深刻影响，促使其在返美后走上了汉学之路。其次，加州伯克利兼职时期，她全力支持傅汉思修完了伯克利的中文博士课程，实现了向中国文学研究的彻底转型。最后，她用实际行动辅助傅汉思的汉学研究事业，帮助他阅读中文文献中的晦涩篇章，撰写书法为傅汉思著述增色。

张充和书《玉骨冰魂梅花诗》封面

张充和书《玉骨冰魂梅花诗》外包装

张充和书《梅花赋》1

张充和书《梅花赋》2

张充和生前使用的梅花水盂

20 世纪 50 年代以来的中国古诗英译：问题与成就

傅汉思

【导读】

译作原文刊载于《淡江评论》（*Tamkang Review*）1985 年第 15 卷 1 ～ 4 期，第 307 页至 328 页，原题目为 "English Translations of Classical Chinese Poetry since the 1950's—Problems and Achievements"。

20 世纪 50 年代末起，中国古诗英译在世界范围内朝着专业化方向持续迈进。这一时期，美国古诗英译的主体主要是在大学任教的中国文学教授，他们大都成为美国专业汉学家。美国汉学界从事中国古诗英译的汉学家可分为两代：第一代出生于 20 世纪 20 年代左右，主要代表人物有詹姆斯·罗伯特·海陶玮（James Robert Hightower）、傅汉思、华兹生（Burton Watson）等；第二代出生于 40 年代，主要人物有康达维、宇文所安、叶维廉（Wai-lim Yip）等。傅汉思作为第一代汉学家中的元老人物，开辟了 20 世纪美国古诗英译的新道路。

傅汉思早期的西方语言学基础使其与其他古诗英译者存在不同，这主要体现在他对诗学特点的关注更为深刻，在翻译中对诗性的呈现也更为全面。傅汉思的古诗英译侧重向西方展现中国古诗的诗学特征，也即形式上的对等、意象的完整和文体特点的呈现等。傅汉思对诗学特征的关注也使其在撰写这篇文章时，将目光聚焦于音韵、句法、修辞等方面，通过对比不同译者的译文，探索中国古诗的英译道路。傅汉思的这篇文章不仅有助于我们更好地解决中国古诗英译的诗学难题，也为我们了解 20 世纪 50 年代以来中国古诗英译现状提供了新的视野。

近30年来，许多中国古诗英译本先后出版。本文目的无意列举这些译本，也不对其进行点评，而是集中讨论中国古诗译者面临的一些问题，并展示不同译者处理这些问题的方式。作为例证，我选取了一些在我看来极富想象力或至少是创新大胆的译文。需要注意的是，在谈论某一类问题时，有些译本在本文并未提及，但这并不代表它们不够成功或不够优秀。本文将讨论的问题分为四组：（1）音韵和节奏；（2）句法、词序、连接词、形合与意合；（3）平行和对偶；（4）字词反复。

一、音韵和节奏

1. 押韵

在理想情况下，译者选择的韵律应尽可能接近中文原文韵律，但也需要符合英文诗歌的创作规律。押韵是中国古典诗歌的一贯特点，也是英语诗歌的常见现象，因此直到 20 世纪初，大多数中国古诗的英译都押韵。到本世纪下半叶，自由诗和"跳韵"逐渐受到多数译者青睐，但仍有一些译者经常或偶尔使用押韵。我们将讨论其中五位译者：埃兹拉·庞德（Ezra Pound）、刘若愚（James J. Y. Liu）、施文林（Wayne Schlepp）、唐安石（John Turner）和大卫·霍克斯（David Hawkes）。

庞德在他的《诗经》（*The Confucian Odes*，1954）全译本中一共翻译了 305 首诗歌，其中除了 17 首外，其余都使用了押韵。在《诗经》原作中，除了 9 首诗（第 266、267、271、273、277、285、293、294、296首）外，其他所有诗都押韵。这九首诗中只有两首（第 293 和 294 首）庞德处理为无韵诗。也就是说，在大多数情况下，他并不是根据中国原诗是否押韵来决定译文是否押韵。他翻译的其他 15 首无韵诗分别是第 149 首

（除了近韵的"whirling"和"urging"）、第 177 首、第 184 首、第 208
首、第 109 首、第 244 首、第 258 首、第 259 首、第 263 首、第 264 首
（在这 51 行中，只有最后两行使用了押韵：be 和 thee）、第 268 首、第
278 首、第 295 首、第 297 首和第 305 首。此外，虽然庞德在大多数译诗
中都使用了押韵，但他用得不多，而且并不试图再现原诗的押韵特点，甚
至无意使译文和中文逐行对应。他自由地拓展和压缩每句话与整首诗的长
度。下面将在"节奏"部分介绍庞德的译文。

刘若愚的开创性著作《中国诗学》（ *The Art of Chinese Poetry* ，1962）
中许多译文都使用了押韵（偶尔用元韵代替），并忠实地保留了原有的押
韵特点。但他在后来的著作中放弃了押韵，因为他"意识到实际上不可能
在不损害诗意的情况下保留韵脚"①。

施文林在他的散曲专著中提出了一种翻译理论和实践，即在译文中使
用押韵和其他韵律特点，从而创造出与中国散曲效果相当的译文。他不主
张使用相同数量的韵脚和韵格。② 他客观评价了为再现原文韵律效果而做出
的努力，并得出结论："中国古典诗歌英译，几乎总是在不使用押韵的情
况下更为成功。"③

唐安石坚持在几乎所有译本中使用押韵，并极力强调韵律和节奏的必
要性。④ 为了实现押韵和节奏，他不惜违背原文的韵律特点，调换顺序，有
时甚至在行间增译。他宣称自己的目标是翻译出听起来像真正的英文诗的
译文。例如：

---

① James J.Y. Liu. *The Poetry of Li Shang-yin: Ninth-Century Barogue Chinese Poet.* Chicago:
Univ. of Chicago Press, 1969. p.42

② Wayne Schlepp, *San-chü: Its Technique and Imagery.* Madison: Univ. of Wisconsin Press,
1970, pp.64–66.

③ Wayne Schlepp, .*San-chü*, p.66.

④ John A.Turner, S.J., trans., *A Golden Treasury of Chinese Poetry.* Hong Kong: The Chinese
Univ. of Hong Kong; Seattle: Univ. of Washington Press, 1976., pp.11–12.

春晓

孟浩然 （689—740 年）

春眠不觉晓
处处闻啼鸟
夜来风雨声
花落知多少

"Dawn in Spring"

How suddenly the morning comes in Spring!
On every side you hear the sweet birds sing.
Last night amidst the storm — Ah, who can tell,
With wind and rain, how many blossoms fall?[①]

　　请注意韵脚的不同：第二行增加了"sweet"，第三行省略了"sound"，"风雨"移到了第四行。

　　至于霍克斯，他在翻译中国诗歌时通常不使用押韵。在他的译本《楚辞：南方之歌》（*Ch'u-tz'u: The Songs of the South*，1959）中，他将整部《楚辞》译成了自由诗。在《杜甫初阶》（*A Little Primer of Tu Fu*，1967）中，他对 35 首诗的"评注"是逐字逐句的翻译，而每首诗的"译文"则是散文式的转述。他这样评价杜甫的律诗："其完美的形式使其具有古典的优雅美，遗憾的是翻译无法传达这种优雅。这就是律诗大师杜甫

---

① John A. Turner, S. J., trans. *A Golden Treasury of Chinese Poetry.* , p.93.

在外语世界传播相对较少的原因。"① 不过，在他的雄心之作《石头记》（*The Story of the Stone*，1973）的整体翻译中，霍克斯将所有诗歌都译成了韵诗，具有优雅的维多利亚风格，与优美流畅的散文相得益彰。

2. 自由诗和跳韵

如前所述，自 20 世纪 50 年代以来，韵文译本的数量少于自由诗译本，许多译者追随伟大先驱阿瑟·韦利的脚步。1916 年至 1923 年，韦利根据杰拉德·曼丽·霍普金斯（Gerald Manley Hopkin）的"跳韵"发展出一种韵律，每行的重音数与中文的音节数相同。在"跳韵"中，重音相继出现，重音之间可以没有非重音音节，也可以有任意数量的非重音音节。韦利的"跳韵"是翻译中国五言诗的一种灵活、动态的对等形式，极为成功，但在翻译七言诗时效果不佳。韦利在 1946 年表示，后者"更难处理，我还没有尝试过这种格律的长诗"②。20 世纪 50 年代至 20 世纪 60 年代，韦利出版了两本书，其中翻译了大量中国诗歌。在《袁枚》（*Yuan Mei*，1956）和《敦煌歌谣故事集》（*Ballads and Stories from Tun-huang*，1960）中，他尽可能选择五言诗而非七言诗翻译，当他发现需要翻译较长格律的诗歌时，他往往只摘录其中的一部分。事实上，他的五言诗翻译非常出色，例如：

人老惜分阴
一日如一岁

When one is old, one treasure every minute;

---

① David Hawkes, trans., *A Little Primer of Tu Fu*. Oxford: Clarendon Press, 1967, p.47.

② Arthur Waley, trans., *Chinese Poems Selected from 170 Chinese Poems, More Translations from the Chinese, The Temple and The Book of Songs*. London: Allen & Unwin, 1956.1st ed.,1946, "Preface"，p.5.

A single day is precious as a whole year...[1]

他用"跳韵"翻译七言诗在节奏上不太令人满意,例如:

我震其名愈加意

细咽欲寻味外味

I had heard so much about this tea, that with great circumspection

I sipped at it, so as not to miss the flavour that is beyond flavour.[2]

《敦煌歌谣故事集》中翻译的歌谣大都是七言句。

3. 诗行长度

不同译者以不同方式解决了诗行长度的问题。中国古典诗歌通常比英国诗歌更喜欢短行,而且中国汉字(无论如何定义)的平均长度比英语单词短。因此,韦利和他的许多追随者,明智地选择了以重读音节对应汉字的方式翻译。其他译者则完全不考虑每行的长度。少数译者试图将中文每行的音节数与英文音节数完全对等。其中值得注意的是杨富森(Richard F. S. Yang)和查尔斯·梅茨格(Charles R. Metzger)合著的《元小令五十首》(*Fifty Songs from the Yüan*, 1967)一书。在所谓的"诗歌英译最终版"中,他们为 50 首散曲中的每一首都创作了一个英文版本,其音节数与中文字数逐行对应。下面是他们翻译的第一首诗,关汉卿(约 1220—1300 年)的《别情》,曲牌名为《四块玉》:

---

[1] Arthur Waley, *Yuan Wei: Eighteenth Century Chinese Poet*. London: Allen & Unwin, 1956, p.165.

[2] 同上,第 164 页。

【四瑰玉】别情

自送别

心难舍

一点相思几时绝

凭阑袖拂杨花雪

溪又斜

山又遮

人去也

I cannot

Bear a love

Cut off. My sleeve removes the

Willow's snow. Winding fades the

Stream beyond

My hill-stopped

Lover's view.[1]

该版本虽然保留了诗行的长度和音节数，但是在字词的选择、顺序和结构方面做了很大改动。在附录中，杨富森和梅茨格为每支小令提供了"逐字"翻译和"初稿"。在多数情况下，"初稿"比"诗歌英译最终版"更加忠实。

词是一种诗歌体裁，和散曲一样，起源于以特定模式创作、用来搭配

---

[1] Richard Fu-Sen Yang and Charles R. Metzger, trans. *Fifty Songs from the Yüan: Poetry of 13th Century China*. London: Allen & Unwin, 1967, p.19.

新旧曲调的唱词。与大多数诗不同，大多数词和散曲都由长短句组成。这些复杂的诗歌模式在翻译中很难传达。傅恩（Lois Fusek）在全译本《花间集》（*Among the Flowers*，1982）中，通过精确匹配每首词每一行的长度，比其他译者更好地呈现了词的特点。例如：

梦江南（其一）

千万恨

恨极在天涯

山月不知心里事

水风空落眼前花

摇曳碧云斜

"Dreaming of the South" (first of two)

Ever rising resentment,　　　　　　　　　　　　　　　（3）

It reaches out to him at world's end.　　　　　　　　（5）

The moon over the mountain cannot know what she feels.（7）

In water and wind, flowers fall lifelessly before her.（7）

Dark clouds tremble and drift aslant.　　　　　　　　（5）[1]

---

① Lois Fusek, trans., *Among the Flowers: The Hua-chien chi.* New York: Columbia Univ. Press, 1982, p.53.

4. 节奏

节奏是诗歌的基本要素，所有译者都希望自己的译文听起来像诗歌一样，但这一目标并非能轻易实现。没有哪位译者能够比庞德更出色地实现这一目标。下面是他《诗经》译文中的一些例子。这些例子能够展现庞德翻译的押韵特点（尾韵和内韵），即译文与原文的音韵特点并不对等。同样，译文的节奏也与原诗的节奏不相同。

采采卷耳，

不盈顷筐。

嗟我怀人，

寘彼周行。

Curl-grass, curl-grass,

to pick it, to pluck it

to put in a bucket

never a basket load

Here on Chou road, but a man in my mind!

Put it down here by the road.

野有蔓草，

零露漙兮。

有美一人，

清扬婉兮。

Mid the bind grass on the plain

that the dew makes wet as rain.

I met by chance my clear eyed man,

then my

Joy began

猗与那与！

置我鞉鼓。

奏鼓简简，

衍我列祖。

汤孙奏假，

绥我思成。

Thick, all in mass!

Bring drums, bring drums

bring leather drums and play

To T'ang, to T'ang

source of us all, in fane,

again, again, pray, pray:

T'ang's heir, a prayer

that puts a point to thought.

5. 音顿

中国诗歌在组成上一个重要特点是音顿。司徒修（Hugh M. Stimson）最先在译文中标明停顿。在《卢殷现存的十三首诗》（*Lu Yin The Thirteen Extant Poems*，1974）中，他通过另起一行缩进的形式来标记音顿。在他后来出版的译文中，他在句内用空格的形式来标记主要音顿，例如：

杜子将北征，

苍茫问家室。

I, Master Tu about to Journey north

vast, vague wonder about my home...[①]

戴维·拉铁摩尔（David Lattimore）等人效仿了司徒修的译文：

三月三日天气新，

长安水边多丽人。

Third month third day   the air tastes new

in Ch'angan by the water   many a pretty girl...[②]

在这里，小的停顿处用多一点的空格标注，大的停顿处用更多的空格
标注。

其他一些译者也同样用缩进的方式标出了音顿。罗郁正（IrvingYucheng
Lo）在翻译王维的《红牡丹》时就是这样做的：

绿艳闲且静，

红衣浅复深。

---

①　杜甫：《北征》，收于 Liu, Wu-ch and Irving Yucheng Lo eds. *Sunflower Splendor: Three Thousand Years of Chinese Poetry*. Bloomington: Indiana Univ. Press. 1975, p.121。在司徒修的《唐诗五十五首》中，音顿也是用同样的方法标记的。

②　杜甫：《丽人行》，收于 Lattimore, David, trans. *The Harmony of the World: Chinese Poems*. Providence, RI:Copper Beach Press, 1976. No pagination。

花心愁欲断，

春色岂知心？

Such radiance of green,

so casual and composed;

The tint of her dress

blends crimson with pink.

The heart of a flower

is nearly torn with grief;

Will spring's brilliance

ever know her heart?[1]

　　但在翻译王维的另外三首五言诗时，罗郁正却没有标注停顿。[2] 蔡涵墨（Charles Hartman）在翻译韩愈（768—824 年）的《华山女》时，也使用了同样的缩进法来标注停顿：

街东街西讲佛经

On street corners east and west

they teach the Buddhist sutras...

　　但是，他在使用这种方法时，有时缩进与停顿并不一致，如下面的诗

①　Liu, Wu-chi and Irving Yucheng Lo eds. *Sunflower Splendor: Three Thousand Years of Chinese Poetry.* Bloomington: Indiana Univ. Press. 1975.

②　Wu-chi Liu and Irving Yucheng Lo, eds., *Sunflower Splendor: Three Thousand Years of Chinese Poetry.* Bloomington: Indiana University Press. 1975, p.96.

句（摘自同一首诗）：

黄衣道士亦讲说

A yellow-robed Taoist also
preaches his texts,[1]

倪豪士（William H. Nienhauser）在翻译王建（768—833 年）的九首
《宫词》时，采用了与罗郁正和蔡涵墨相同的方法，但也有不一致之处。
他在第一首和第八首中没有标注停顿，而在其他六首中通过缩进标注了停
顿。但他也不总是在尾音处缩进，例如：

乞与金钱争借问

With strings of cash they struggle
to inquire of him.
(Poem 4)[2]

二、句法、词序、连接词、形合与意合

一些优秀的译者不遗余力地尽可能保持原文的语序，而另一些译者则
认为语序并不那么重要。前者利用了中英文句法的相似性。葛瑞汉（Angus

---

[1]　Wu-chi Liu and Irving Yucheng Lo, eds., *Sunflower Splendor: Three Thousand Years of Chinese Poetry*. Bloomington: Indiana University Press. 1975, p.173。

[2]　同上，第 193-195 页。

C. Graham）指出："在尝试了不同翻译后，如果有可能，根据我的经验，按照中文词序翻译出的译文效果最好。这种情况非常普遍。"①（葛瑞汉在《晚唐诗》及其他译本中也是这么做的）戴维·拉铁摩尔也有同样的想法和经历："中文句法与英文非常接近。因此，尝试尽可能接近原文（同时又不翻译成洋泾浜英语）似乎值得一试。在一次又一次地尝试修改措辞和纠正语气后，我在回归原文的过程中找到了指引。几乎无一例外的是，我的译文不仅是行与行之间的对译，而且是行内冒号与冒号之间的对译。"②最近，康达维在其杰出的《文选》译本第一卷中，对他在这方面的想法和译法做了如下解释："虽然我努力做到前后一致，并试图遵循原文的词序，但在许多地方，我不得不出于译文准确性或婉转性的考虑，采用一种与中文相近的译法。如果省略主语会使行文难以理解，我也会毫不犹豫地提供我理解中的主语。其他与原文略有出入的地方还包括添加连词和过渡语，以便使行文和分句之间的衔接更加顺畅。"③

但是，许多译者并不遵守原文词序，尤其是那些重视音韵等形式特点的译者，包括韵脚（见上文唐安石的译文）和诗行长度（见上文杨富森、梅茨格的译文）等。

尽管中英文词序存在基本相似之处，但中国古诗句法涉及一些问题，学者和译者在理论与实践上无法达成一致。康达维在上文阐明了一种传统观点，即在翻译中应提供语境下的主语和连接词。虽然康达维在这里指的只是赋的翻译，但许多传统译者会认为，在其他诗歌体裁中也可以随意添加同样的内容。另外，叶维廉断言，传统译者"一定受原文句法零散的影

①　A. C. Graham, *A New Translation*, p.566.

②　Lattimore、David, trans. *The Harmony of the World: Chinese Poems*. Providence, RI: Copper Beach Press, 1976. "Translator's Note".

③　David R. Knechtges, trans. *Wen xuan or Selection of Refined Literature. Volume One: Rhapsodies on Metropolises and Capitals*. Princeton, NJ: Princeton Univ. Press, 1982, p.xiv.

响，认为汉字是电报式的，即它们是长信息的速记符。因此，他们的任务是将这些符号翻译成长文，将诗歌翻译成散文，同时添加注释以帮助理解。殊不知，这些'符号'指向的是细腻的含蓄美，而辩证、分析、长篇的解释过程却将其完全摧毁。我们应看到，这些意象往往在空间上是共存关系，形成一种氛围，读者可以身临其境，恣意徜徉"[①]。因此，在他的译文中，叶维廉省去了大部分（但不是全部）句法连接词，例如柳宗元（773—819年）《江雪》的后半部分：

> 孤舟蓑笠翁
> 独钓寒江雪

> Single boat. Bamboo-leaved cape. An old man
> Fishing by himself: ice-river. Snow.[②]

戴维·拉铁摩尔在《和谐世界》（*The Harmony of the World*）一书中也强调要尽量少用连接词；但他对《江雪》一联却有不同解读，他认为"江"是"雪"的修饰语，"江雪"是"钓"的宾语。

> Lone boat old man coolie hat straw coat
> angles by himself the cold Yangtze snow

同样，埃里克·萨克海姆（Eric Sackheim）在《无声的零点——寻找声

---

① Wai-lim Yip, *Chinese Poetry: Major Modes and Genres*. Berkeley and Los Angeles: University of California Press,1976, pp.8–9.

② 同上，第317页。

音》（*The Silent Zero, in Search of Sound*，1968）一书中也坚持原文语序，减少添加主语和连接词，而且表现得更为激进。例如：

战城南

死郭北

野死不葬乌可食

Fighting city south

Dying wall north

Field dead unburied, the crows can eat[1]

旦辞爷娘去

暮宿黄河边

Morning: leave father/mother and go

Evening: lodged at the Yellow River side[2]

衰荣无定在

彼此更共之

Decline/flourish: without fixity

① Eric Sackheim trans., *...the silent Zero, in search of Sound ... An Anthology of Chinese Poems from the Beginning through the Sixth Century*. New York: Grossman; Tokyo: Mushinsha, 1968, p.41, anonymous Han yüeh-fu.

② 同上，第 50 页。参见《木兰词》（*Mu Lan's Song*）。

That/this: in turn, both of them...[1]

葛瑞汉在评论傅乐山（John D. Frodsham）有关李贺的著作时，[2] 对中国诗歌英译的拟声、句法和修辞等问题发表了真知灼见。葛瑞汉指出，"对分句语法关系的阐述，在读者和原作之间，隔上了一层朦胧的思想薄膜"。葛瑞汉还提醒译者不要用英语的形合代替汉语的意合。偏爱意合的确是中文诗歌的显著特点。然而，当汉语诗句中两个短语相连时，有时很难分辨前一个短语是从属于后一个短语，还是与后一个短语相并列。但这时译者必须做出选择，在现代诗歌英译中，意合往往比形合更有效。比较王维《金屑泉》的两个版本，第一个版本由张郢南（Yin-nan Chang）和黄思礼（Lewis C. Walmsley）翻译，第二个版本由余宝琳（Pauline Yu）翻译：

日饮金屑泉，

少当千馀岁。

翠凤翊文螭，

羽节朝玉帝。

He who drinks daily from the Stream of Powdered Gold,

Shall live at least a thousand years!

Then he will be presented to the Jade Emperor,

Riding beneath a plumed canopy in a carriage drawn by

---

① 同上，第 117 页，参见陶潜《饮酒二十首》其一。

② Angus C.Graham, "A New Translation of a Chinese Poet: Li Ho 李贺". *Bulletin of the School of Oriental and African Studies,* Univ. of London, 34 (1971), 560–570. "A New Translation."

soaring blue phoenixes and spirited young dragons.[①]

Drink each day at Gold Powder Spring,

And you should have a thousand years or more:

To soar on an azure phoenix with striped dragons,

And with plumes and tassels attend the Jade,

Emperor's court.[②]

三、平行和对偶

平行和对偶是中国古典诗歌的重要特征，英语诗歌中偶尔也会使用。但是，一长串句末停顿的句子和严格对应的平行关系在英语中听起来并不悦耳。因此，一些优秀的翻译家有意打破中国诗句中的平行关系，例如肯尼斯·汉森（Kenneth O. Hanson）在翻译韩愈的两首《杂诗》时：

朝蝇不须驱

暮蚊不可拍

Don't shoo the morning flies away

Nor swat mosquitoes in the evening

雀鸣朝营食

鸠鸣暮觅群

① Chang Yin-nan and Lewis C. Walmsley, trans., *Poems by Wang Wei*. Rutland and Tokyo: Tuttle, 1958, p.41.

② Pauline Yu, *The Poetry of Wang Wei: New Translations and Commentary*. Bloomington: Indiana University Press, 1980, p.203.

Morning the sparrow twitters seeking food

The dove at evening coos to woo her mate[1]

其他译者则巧妙地保留了句法和语义的平行关系，从而在不违反标准英语句法和修辞的前提下，向英语读者传达了中国诗歌的基本要素。白安妮（Anne Birrell）是近年来在这方面苦心钻研的杰出译者之一。以下是她的著作《玉台新咏》（*New Songs from a Jade Terrace*，1982）中的一个例子，该书是对《玉台新咏》的完整翻译和阐释：

高台动春色，

清池照日华。

绿葵向光转，

翠柳逐风斜。

The tall terrace stirs with spring's flush,

Clear pools reflect sunlit splendour,

Green mallow twists toward sunlight,

Kingfisher willow slants with the wind.[2]

颔联和颈联严格对仗是律诗的一贯特点，这一特点也给译者带来了不同的问题（我们还记得上文霍克斯有关杜甫律诗翻译的论述）。最近有一些译者努力对这一关键特点进行准确翻译，例如王健（Jan W. Walls）：

---

① Wu-chi Liu and Irving Yucheng Lo eds., Sunflower Splendor, p.187.

② Anne Birrell, trans., *New Songs from a Jade Terrace: An Anthology of Early Chinese Love Poetry.* London: Allen & Unwin, 1982., p.225. 参见闻人倩 (Wen-Jen Ch'ien) 的《春日》（*Spring Sun*）。

号山无定鹿，

落树有惊蝉。

暂忆江东鲙，

兼怀雪下船。

Mountain winds howl; deer unsettled;

Tree leaves drop: cicada alarmed.

For a while I remember delicacies east of the river,

And recall a boat under falling snow.[1]

　　其他译者则有意放弃再现对偶的尝试，转而聚焦精准呈现诗歌的散文效果。洪业就是其中杰出的例子。下面是他对杜甫五律第三首《秋野》对偶句的处理：

掉头纱帽侧，

曝背竹书光。

风落收松子，

天寒割蜜房。

Shaking my head at the thought of official life, I feel my loose

Hat become tilted,

Reading the writings on the bamboo, I enjoy the warm sunshine

on my back.

---

① 　Wu-chi Liu and Irving Yucheng Lo, eds. Sunflower Splendor pp.138–139. 参见杜甫：《夜二首》（其一）。

The wind has felled many pine cones which I shall gather,

The weather is growing cold, and I shall collect the honey from the beehives.[1]

四、字词反复

当某个字或词在一首诗中出现不止一次时，译者应判断这种反复是否有意义。如果有意义，他就应努力在译文中呈现类似的效果。但他可能会认为，在英语中重复出现同一个字词并不是达到这种效果的最佳方式。肯尼斯·汉森在翻译我前面引用的一首韩愈的诗时，用四个不同的动词（选择这些动词是为了表现英语中不同动物的叫声，或许也是为了与邻近词的音韵相配合：twitters seeking、coos to woo、frogs croak）来翻译"鸣"的五次重复，他还用押头韵而不是重复来翻译最后一句中的"合合"：

> 崔鸣朝营食，
>
> 鸠鸣暮觅群。
>
> 独有知时鹤，
>
> 虽鸣不缘身。
>
> 喑蝉终不鸣，
>
> 有抱不列陈。
>
> 蛙黾鸣无谓，
>
> 合合只乱人。

Mornings the sparrow twitters seeking food,

---

[1]　William Hung, *Tu Fu, China's Greatest Poet.* Cambridge, MA: Harvard University Press, 1952, p.246.

The dove at evening coos to woo her mate.

Only the crane knows its hours,

Cries but not for itself.

And the dumb female cicada never cries,

What she feels she does not display.

Only the frogs croak with no good reason,

Making up a tumult of noise and nuisance.[①]

　　李白（约 701—763 年）的诗歌《梦游天姥山别东鲁诸公》中有大量反复的词语。艾龙[②]（Elling O. Eide）和柳无忌[③]（Liu Wu-chi）两位学者在翻译这首诗时，重现了其中的一些重复，但不是全部。艾龙指出（第 376 页），李白在第 5 行使用了三次"天"——"天姥连天向天横"，并在译文中体现了这一反复："The Lady of Heaven. Joining the heavens, faces the Heavenly Span"。在柳的译文中，重复不见了："T'ien-mu Mountain links to the horizon and extends heavenward"。"天"在诗中还有两处出现："田鸡"（第 18 行），艾龙译为"the Rooster of Heaven"，柳译为"the Cock of Heaven"。道教术语"洞天"（第 27 行），艾龙译为"the Grotto Heavens'"，柳译为"the fairy cave"。出现三次的"烟"字，柳译为"mists"，而艾龙译为"mist"（第 2 行）、"spray"（第 24 行）和"mists"（第 38 行）。两位学者在第 22 行和第 36 行中对"惊"一词的翻译也不尽相同：艾译为"frightened"和"startled"，刘译为"tremble"和

①　Wu-chi Liu and Irving Yucheng Lo, eds., *Sunflower Splendor,* p.187. 参见韩愈：《杂诗》（其二）。斜体部分标明"鸣"和"合合"的译法。

②　见论文《论李白》（On Li Po），收于 Wright and Twitchett, eds., *Perspectives on the T'ang,* pp.369–379。

③　Wu-chi Liu and Irving Yucheng Lo, eds. *Sunflower Splendor,* pp.106–108.

"fright"。

相反，译者经常在中文有平行而非反复的地方使用同一个词，如叶维廉在柳宗元的《江雪》（上引其第二联）的首联中重复使用"no"：

千山鸟飞绝，

万径人踪灭。

A thousand mountains—no bird's fight,

A million paths—no man's trace.

拉铁摩尔在展现平行关系方面显得更为小心：

Thousand hills bird flights cease,

myriad paths men's tracks erased.

在讨论了字的反复后，我们来讨论一下词的反复。词的反复可以有变化，也可以没有变化，可以在相邻位置重复，也可以在不同位置重复。在相邻位置重复的词非常显眼。当译者没有再现这种重复时，他并不是有意忽略它，而一定是出于某种原因进行了改动。让我们看看李清照（1084—1155 年）《如梦令·昨夜雨疏风骤》中两句话的两种翻译。这一词牌的倒数第二句和第三句是一样的。在这首诗中，它们写作"知否？知否？"。在约翰·斯科特（John Scott）的译本中，它们被合并成一句："Surely you know"①。我不知道对中英文体差别十分敏感的斯科特为何选择放弃这一

① John Scott, trans., *Love and Protest: Chinese Poems from the Sixth Century B.C.to the Seventeenth Century A.D.* New York: Harper Colophon Books, 1972, p.107.

反复，因为它是词牌的一部分，而且十分符合词中生动的语境。叶维廉的译文则保留了这一反复："Know it? Know it?"①，但这个译文在英语中听起来不那么自然。

在乐府和自汉代以来受乐府影响的诗歌中，有一种常见的重复方式，即在一行的末尾加上一个词（通常两个字），而在下一行的开头又重复这个词。曹丕（187—226 年）创作有两首"无题诗"（"杂诗"），罗纳德·苗（Ronald C. Miao）翻译了第二首诗中的反复：

> 行行至吴会
> 吴会非我乡

> On and on to Wu and Kuei
> Wu and Kuei; are not my home②

反复在第一首也有出现，但苗却没有翻译出来：

> 披衣起彷徨
> 彷徨忽已久

> Putting on a robe, I rise and pace
> Back and forth; suddenly it is late③

---

① Wai-lim Yip, *Chinese Poetry: Major Modes and Genres.* Berkeley and Los Angeles: University of California Press,1976, p.437.

② Wu-chi Liu and Irving Yucheng Lo, eds., *Sunflower Splendor,* p.45.

③ Wu-chi Liu and Irving Yucheng Lo, eds., *Sunflower Splendor,* p.44.

同样，作为一名老练的文体家，欧阳祯也没有再现白居易（772—846年）《新丰折臂翁》里的两处反复：

直到天明痛不眠

痛不眠终不悔

Right up to daybreak, I hurt so much I cannot sleep,

But I have never had any regrets.

欲求恩幸立边功

边功未立生人怨

Wishing to seek favor, achieved military deeds at the frontier

But before he could pacify the frontier, the people became

disgruntled[①]

王靖献（Ching-hsien Wang）也是一位精通两种语言且经验丰富的诗人，他在翻译岑参（715—770年）的《渔父》时，也没有再现开篇处的反复：

扁舟沧浪叟，

心与沧浪清。

The boatman of Ts'ang-lang is quite old,

But his heart is as clean as flowing water.[②]

---

① Wu-chi Liu and Irving Yucheng Lo, pp.204–205.

② Wu-chi Liu and Irving Yucheng Lo, p.144.

不同译者对有变化的反复也有不同的处理方式。马瑞志（Richard B. Mather）保留了沈约（441—513 年）《六忆诗四首》中的反复，他凭借对英语句法和文体的细腻察觉，增加了"and"来翻译最后一处反复：

I recall the times she came,...	忆来时
I recall the times she sat,...	忆坐时
I recall the times she ate,...	忆食时
Starting to sit and then too shy to sit,	欲坐复羞坐
Starting to eat and then too shy to eat,...	欲食复羞食
And I recall the times she slept,...[①]	忆眠时

叶山（Robin D. S. Yates）在翻译韦庄（836?—910 年）《秦妇吟》中的变化反复时，在结构上引入了额外的变化元素。他这样处理的原因我并不清楚。韦庄的诗中有一组反复（东林、西林、南林、北林），叶山在前两处使用了介词短语翻译，在后两处使用了形容词翻译：

My neighbor in the east had a daughter,...	东邻有女
My neighbor in the west had a daughter,...	西邻有女
My southern neighbor had a daughter...	南邻有女
My northern neighbor's young wife[②]	北邻少妇

---

① Wu-chi Liu and Irving Yucheng Lo, p.70.

② Wu-chi Liu and Irving Yucheng Lo, pp.270–272.

五、结论

近 30 年来，中国古典诗歌的英译达到了前所未有的高度。但是，任何译本都不可能面面俱到地呈现某一首诗歌的全部特点。正如我们所看到的，新近译者在解决先前译者面临的问题时，表现出了极大的智慧和技巧，但在再现原诗的某些特点时，他们不得不牺牲忽视其他一些特点。那些坚持押韵、节奏的译者，不得不在修辞和语序上做出让步；那些试图再现音节数、诗行长度的译者，不得不进行换词、增加或删减；那些试图标注音顿的译者，发现他们不能总是在与中文相同的地方停顿换行；那些急于保留原文词序的译者，会遇到中英文句法差异的难题；那些忽视或重组英文句法的译者，会面临译文不清晰、难以理解或冗长的风险；那些过于拘泥于中文平行和反复的译者，会面临译文听起来单调乏味的危险；而那些忽视所有这些特点的译者，则会将原诗翻译得面目全非。最好的译者是对两种诗歌传统都了如指掌，意识到它们之间的语言和文化差异，并能够在可以弥合的范围内找到最佳解决方法。

【点评】

在该文中，傅汉思聚焦中国古诗四大诗学特点——韵律、词序句法、平行对偶和重复，条分缕析地分析了不同译者对这些诗学元素的处理方式。通过阅读这篇文章，我们能够感受到傅汉思主张实现原诗和译诗之间的平衡。在《梅花与宫闱佳丽：中国诗选译随谈》一书的序言中，他明确谈到了古诗翻译理念，即以自由体诗翻译，保持原诗词序，再现平行对偶、反复等修辞特征。

第一，在韵律方面，傅汉思主张以自由体诗的方式处理，有时也可考虑采用跳韵。他在文中提到了翻译界对音韵处理方式的转变，"因此直到 20 世纪初，大多数中国古诗的英译都押韵。到 21 世纪下半叶，自由诗和

'跳韵'逐渐受到多数译者青睐"。我们来看一下傅汉思的译文，感受一下他的自由体处理。

山居秋暝
王维

空山新雨后，天气晚来秋。
明月松间照，清泉石上流。
竹喧归浣女，莲动下渔舟。
随意春芳歇，王孙自可留。

On the empty mountain just after rain,	××/×/××/×/
The air toward Evening is autumnal.	×/×//×××/×
The bright moon shines among the pines,	×/×/×/×/
The clear fountain flows over the stones.	×//×//××/
The bamboo rattles: returning washer women,	/×/×/×/×/×
The lotus stirs: fishing boats going home.	×/×//×/××/
Spring fragrance ends at the sea son's command,	/×/××/××
But you, my prince, can stay as long as you like.	×/×/×/×/×/×

这首诗押"尤"韵，傅汉思的译文没有还原原诗的押韵特点，而且本身也没有押韵。通过分析轻重音，我们看到全诗节奏没有固定的规律，属于自由体诗，除了第三句和最后一句使用了标准抑扬格外，其他地方则以跳韵为主。我们可以对比许渊冲的译文，进一步感受傅汉思的韵律处理。

After fresh rain in mountains bare,	/×/×/×/

Autumn permeates evening air. /×/×/×/

Among pine trees bright moonbeams peer, ×/×/×/×/

Over crystal stones flows water clear. /×/×/×/×/

Bamboos whisper of washer maids, ×//××/×/

Lotus stirs when fishing boat wades. /×/×/×/×

Though fragrant spring may pass away, ×/×/×/×/

Still heres the place for you to stay. ×/×/×/×/

许渊冲的译文也没有还原原文的押韵特点，但是译文本身形成了aaaabbcc的韵格，而且节奏抑扬顿挫，除第五句外，交替使用抑扬和扬抑格，与傅汉思的自由体译文形成鲜明对比。

第二，在词序方面，傅汉思认为要尽量保持原文词序，再现原诗的句法和语义特点。在文中，傅汉思对比了康达维和叶维廉的古诗翻译理念，康达维认为在翻译中应提供语境下的主语和连接词，叶维廉则认为保留中国古诗的意合特点，尽可能不用英语形合的方式进行翻译。傅汉思的翻译方法和康达维是一致的，他会采取变化词性、增补主语、增加行内标点或介词、添加连词等方式以保证对原文词序的忠实还原。例如他对李白《月下独酌》的翻译：

花间一壶酒，独酌无相亲。
举杯邀明月，对影成三人。

Admist blossoms, a pot of wine.

I drink alone, without a friend.

I raise the cup, inviting the bright moon.

With my shadow opposite, this makes three.

观察译文，我们可以看到傅汉思完整保留了原诗的词序，甚至可以说是一比一还原。更妙的是，他通过添加主语和标点符号的方式还原了原诗的句法和语义特点。原诗语境下的主语是诗人自己，每句形成二三的语义单元。傅汉思在翻译时增加了人称代词"I"，不仅还原了原文的句法逻辑，也符合英文语法的表达习惯。此外，逗号的使用也恰到好处，分割之处皆是原诗的语义停顿点。我们再来对比一下阿瑟·韦利对这首诗的翻译。

A cup of wine, under the flowering trees;

I drink alone, for no friend is near.

Raising my cup I beckon the bright moon,

For he, with my shadow, will make three men.

通过对比，我们发现韦利的翻译没有完全对应原文语序，第一句就颠倒了"花间"和"一壶酒"的前后顺序。其次，在语义关系上，韦利的处理相比傅汉思较为随意。最后一句"对影成三人"，韦利添加了"he"用以指代上句的"明月"，而傅汉思则忠实地用"opposite"还原了原文的"对"字，而且韦利也没有再现原文二三的语义特点。

第三，在修辞方面，傅汉思主张再现原诗平行对偶、反复等修辞特征。他在翻译过程中通过保留或微调词序，重复使用相同词语，再现了原诗的平行对偶和反复等修辞特征。这种形式上的对等给英语世界读者创造了与中文语境读者相似的阅读体验，从而进一步实现了功能对等。我们来感受一下傅汉思对修辞的处理方式。

天净沙 · 秋思

马致远

枯藤老树昏鸦，

小桥流水人家，

古道西风瘦马。

夕阳西下，

断肠人在天涯。

Withered creepers, old trees, crows at dusk,

Small bridge, flowing water, flat sand,

Old road, west wind, skinny horse.

The evening sun sets in the West,

A heartbroken man at the edge of the sky.

　　马致远的这首《天净沙·秋思》前三句是较为出名的平行对偶句，九个意象并置在一起，形成三组工整的对偶关系。傅汉思在翻译时忠实地再现了原文的九个意象，不仅在字数上形成一对一的对应关系，而且在句法上再现了原文的并列关系。在这里，我们再次看到傅汉思对标点符号的应用，巧妙地用逗号分隔开九个意象，很好地还原了原文的平行对偶修辞。我们再来对比一下刘若愚的译文。

Withered vines, aged trees, twilight crows.

Beneath the little bridge by the cottage the river flows.

On the ancient road and lean horse the west wind blows.

The evening sun westward goes,

As a broken-heart man stand at heaven's close.

　　对比刘若愚的译文，我们能进一步感受到傅汉思的翻译特色。刘若愚只有在第一句再现了原文的三个并列意象，对第二和第三句的处理使用了完整的英文句法来呈现意象间的逻辑关系，这种处理方式与傅汉思的译文相比则未能再现原文的平行对偶关系，缺少了原文的修辞美。同样，傅汉思对反复修辞的翻译也十分忠实，如"怆怆履霜""黄雀得飞飞""长城何连连"，傅汉思的分别译为"It hurts, it hurts to tread the frost""The oriole gets free, he flies and flies""The long wall, how it stretches, stretches"，从中可以看出傅汉思也忠实地还原了原文的反复修辞。

第四章

凤鸾和鸣
共奏昆曲佳音

　　张充和与傅汉思是 20 世纪下半叶在美国传播昆剧的先锋。张充和精通昆曲、书法和诗歌，享有"民国最后一位才女"的美誉。她的昆曲唱腔被形容为"水磨腔"，"娇慵醉媚，若不胜情，难以比拟"。早在 1946 年，教科文组织曾派人到苏州考察，张充和与曲友在国民政府的安排下，被指定演唱《牡丹亭》的《游园》和《惊梦》，这一事件可谓埋下了这对汉学伉俪向海外传播昆曲的伏笔。赴美后，张充和战胜物质条件匮乏的阻碍，在美国东部和西部多所大学公开表演昆剧。她以"也庐曲社"为阵地在耶鲁大学传授昆剧艺术，担任美国本土昆剧社"海外昆曲社"（Kunqu Society）的艺术顾问，并两度赴威斯康星大学麦迪逊分校做为期一个月的示范讲演，深化了美国学界对于中国传统戏剧的理解。

　　傅汉思曾跟随张充和学习唱曲，后因难度大而转向吹笛。据称，"傅汉思酷爱音乐，喜欢弹奏钢琴，擅长昆曲的张充和，能填词度曲，并用玉笛吹奏，夫妻曾有笛琴合奏，堪称中西联璧"。^①自 1953 年至 1986 年，傅汉思协助张充和在全美 22 所大学公开表演昆剧近 40 场，承担科普昆剧艺术、解说剧情、翻译唱词、打鼓吹笛等工作，成为张充和昆剧事业的得力助手。目前能见的原始文献有傅汉思昆剧宣介材料——《昆剧》（*The Kunqu Theatre*）、《中国古典舞》（*Chinese Classical Dance*）及昆曲唱词译文——《孽海记·思凡》（*Ssū fán—A Buddhist Nun Longing for the World*）、《牡丹亭·游园》（*A Stroll in the Garden*）和《邯郸记·扫花》（*Sweeping Flowers*）。本章选取《中国古典舞》讲稿和《思凡》译文以飨读者。

《昆剧》发布于纽约"海外昆曲社"官网"文章怀想"（Musings and Writings about Kunqu）板块，被置于曲社官网首页，作为其向美国介绍昆剧的官方文本^②。该文条分缕析地对昆剧做了深入浅出的介绍，依次探讨了昆剧的性质，昆剧的发展历史，昆剧的三个组成部分——唱词、音乐和舞蹈，以及昆剧的舞台、演员和剧目，很可能是傅汉思随张充和在全美各高校公演昆剧时使用的宣讲资料。通过讲稿可以瞥见傅汉思向美国大众宣介昆剧艺术的总体特色：一方面，他对中国古典戏剧和昆剧本体的认识全面、准确而深入；另一方面，他将研究中国文学时的比较视野融入中国戏剧和昆曲的宣介之中。《昆剧》一文得到了海外昆剧界的高度认可。位于华盛顿的冬青昆曲社（Wintergreen Kunqu Society）导演兼副社长查尔斯·威尔逊（Charles A. Wilson）以该文为基础，在密歇根大学中国文学教授陆大伟（David Rolston）的协助下，完成了一篇内容更为翔实的昆剧普及文章《何为昆剧》（*What is Kunqu Theatre?*）^③，发布在该曲社官网。该文为如何向

---

① 张充和：《张充和诗书画选》，北京：生活·读书·新知三联书店，第 36 页。

② Hans Hermann Fränkel, The Kunqu Theater, https://www.kunqusociety.org/blog-musings/historyofkunqu.

③ Charles A. Wilson, Wintergreen Kunqu Society, https://wtrgreenkunqu.org/what-is-kunqu-theatre/.

海外受众宣介传统中国文化做出了很好的示范。

　　傅汉思对昆剧艺术和剧目内容的介绍呈现了昆剧的深厚内涵，他对唱词的翻译展现了昆剧的文学之美。它们与张充和的示范和表演相辅相成，成为昆剧在美国传播实践中不可或缺的环节，使得美国观众对昆剧艺术的认识兼具感性和理性的方面，丰富而立体。二人在美的昆剧推广工作间接促成了 2001 年昆曲入选联合国首批"人类口头非物质遗产代表作"。

中国古典舞

傅汉思先生介绍，张充和女士展示

【导读】

译作原文由陈安娜（Anna Chen Wu）女士提供。

20世纪中叶，张充和随傅汉思赴美生活，两人为昆剧在美国的传播做出了卓越贡献。下面我们将看到的就是1957年4月17日傅汉思在加州伯克利华人协会（China House Association）系列讲座的演讲稿，在讲座中，由傅汉思进行介绍，妻子张充和进行舞蹈动作示范。这份材料是笔者已知唯一一份傅张二人在美国各地宣介、公演昆剧的实况材料。在正式进入阅读前，有必要介绍一下中国戏曲的基本概况，以帮助读者更好地理解傅汉思对中国戏曲的解读。

中国戏曲起源于原始歌舞，后经过秦、汉、唐到宋、金才形成比较完整的戏曲艺术，是一种由文学、音乐、舞蹈、美术及表演艺术综合而成的艺术形式。在戏曲中，综合性、虚拟性、程式性是中国戏曲的主要艺术特征。这些特征凝聚着中国传统文化的美学思想精髓，构成了独特的戏剧观，使中国戏曲在世界戏曲文化中绽放出独特的艺术光辉。在中国戏曲发展的过程中，元杂剧和昆曲成为文学与表演艺术水平最高的戏曲表现方式。傅汉思和张充和在文中用以表演示范的是明朝剧作家汤显祖创作的传奇《牡丹亭还魂记》（简称《牡丹亭》），该剧与《紫钗记》《南柯记》《邯郸记》并称为"临川四梦"或"玉茗堂四梦"，是汤显祖剧作中成就最高的作品，也是中国戏曲史上浪漫主义的杰作。

中国古典戏剧是一种复杂且高度发展的艺术，或者说，它不是一种艺术，而是抒情诗、音乐、歌唱和舞蹈等几种艺术的结合体。当然，我们认为的戏剧艺术的精髓——情节或故事，在中国古典戏剧中也存在。但它并不占据中心位置，而是与其他元素相互协调、相互融合。每一种元素都经历了漫长的发展历程，时间可一直追溯到中国文明的开端。这就是为什么中国古典戏剧既有原始文化的韵味，又是一门极其复杂的艺术。它具有较强的包容性，能够吸纳其他事物为己所用；它不仅赏心悦目，而且悦耳动听，能够同时呈现时间和空间的转换，兼具写实性和写意性。演员在舞台上表演时既是剧中人也是创作人。戏剧扎根于传统，但也为创作留下了足够的空间。它是中国古代文明里最古老的艺术，但每一次演出都充满了不断创新的生命力。

为什么说戏曲是中国的古老艺术呢？早期史料和文学作品中记录有关于中国舞蹈和戏剧表演的描述，在雕塑和绘画中也能看到古典戏剧表演的生动形象。

中国戏曲不仅在表演上，在地域上也是一门综合艺术。它超越国界，具有国际性和世界性。在整个中世纪，中国人总是热衷于把其他国家的乐人、舞姬、伎艺人等带回中国，同样中国舞姬也成为向邻国传播中国文化的媒介之一。

我们今天所熟知的元杂剧出现于 13 世纪末至 14 世纪的元代，这一时期也被称作中国戏曲发展的第一个黄金时期。元代戏剧家的伟大成就主要体现在戏剧结构上。在此之前，戏剧表演是由一个又一个没有太大关联的片段组成。到了元代，四个这样的片段（我们称之为"折"）被组合在一起，形成一个情节统一的完整体。随着时间的推移，剧情变得越来越长，表演的内容也越来越多，于是出现了相反的趋势，即人们会从一部戏中抽出自己喜欢的几出戏，单独表演。与西方戏剧相比，"传统"在中国戏曲中占有更重要的地位，因为剧本和乐谱一旦形成便会固定下来，而舞台表演则完全靠个人示范和指导来传承。观众既欣赏传统元素，也欣赏个人表演的创作，因为演员是在传统建立的框架内灵活再现自己的角色。这就是我所说的"传统与创造"。

中国戏曲另一个重要的发展期是在 16 世纪初的明朝。这种新形式被称为"昆腔"或"昆曲"。今晚大家将听到的就是这一类型的戏剧。昆曲的特点之一是伴奏不同。早期元杂剧的伴奏以弦乐器为主，但昆曲中最重要的乐器是横笛，又称为"笛子"。

观看中国戏曲表演时，有一样事物会引起大家的注意，那就是服装。中国戏曲的演出服装精致而又华丽，其设计目的多种多样，但主要目的还是"美"。设计服装的目的是更好地展现舞蹈的美。与此同时，通过服装，你还能辨别每个演员所扮演的角色类型。今晚大家将看到的女演员被称为"旦"。

现在我想谈谈古典戏剧视觉方面的特点。众所周知，中国古典戏剧既是歌剧又是芭蕾舞剧。表演者不仅是演员，还是歌唱家和舞蹈家。他们通过三种媒介同时向我们展示语言、音乐和动作，每一种媒介都同等重要。这也意味着，每一场表演都通过语言、音乐和动作三种方式呈现。当然，动作是非常传统的。其中一些动作主要是为了美学效果设计，可以说是抽象的动态之美。但除此之外，还有一种复杂的肢体语言。这种语言不仅用手和手臂，而且用整个身体，甚至可以超越身体之外，包括女演员手持的物品，如扇子、拂尘或匕首。如果她没有拿东西，那么长袖就扮演了非常重要的角色。长袖是身体的延伸，参与肢体动作的表现。至少在 2000 年前，这就是中国舞蹈的特点，我们可以从汉代雕塑中看到这一点。袖子的表演丰富多样，令人惊叹。例如旦角的袖子动作就有 70 多种。现在，充和将为大家展示一些典型的舞蹈动作。如果你们觉得这些动作不够写实，请不要惊讶，因为我们需要明白，中国古典戏剧的目的不是模仿现实，而是创作艺术。在现实生活中，我们的目的是高效地完成任务，但在舞台上，我们的目的是优美地表演。在现实生活中，当我们从一个地点走到另一个地点时，我们是直线前进，然后停下来。但戏曲演员的动作从来不是直线，而是华丽的曲线，这些动作与音乐和谐流淌，绵延不断。在谈话中，我们会直截了当地表达我们的意思。但在艺术中，尤其是在中国诗歌和绘画中，很多东西都是通过暗示间接表达，意思不需要完全表达出来，而是留给想象。现在举几个例子。

尼姑的不同问候方式：

请客人坐下：擦去席子、凳子或椅子上的灰尘。

向客人敬酒：先展示杯子，然后边喝边用另一只袖子遮住杯子（如果真喝，会被认为不雅），最后举起空杯。

指点：身体、眼睛、手臂和手指切勿成一条直线。袖子也会出现在你意想不到的地方。比如当演员仔细观察某样东西时，在西方戏剧中，他会站在原地，一动不动地盯着远方看一会儿；在中国戏剧中，这样的场景不是静态的，而是动态的，它会伴随全身（包括衣袖）有节奏地舞动。

认真倾听。

请他人倾听：在声音来向和对方演员之间来回摆动。

感到寒冷或不舒服。

遮风挡雨。

尴尬：当看到男子时，一方面非常害羞和矜持，另一方面会偷看男子的相貌。

嫌弃：一种摆脱或甩掉不愉快事物的姿态。

哭：擦去眼泪，但不接触脸颊。

惊：袖子垂下来，末端一直颤抖。

思考、沉思。

犹豫不决，不知如何是好：表现为在这个或那个之间做出选择，计算、列举不同的可能性，说话时不让台上的人听到（如旁白）。

行走：动作复杂，步数多，不走直线。

从门里出来：转身，关门。

醉酒：并不杂乱无章，而是有条不紊。

休息：闭上眼睛，但绝不躺下。

从陡峭的山上走下。

奔跑：从不走直线，跑跑停停，会丢鞋或者绊倒（不真的倒在地上）。

今晚大家将看到的一场出自长篇戏剧《牡丹亭》的经典表演，该剧由汤显祖（1550—1616年）创作，他生活的时代与伊丽莎白时代大致重合。剧中的女主人公是一位17岁少女——太守之女。按照当时的风俗，她过着深居简出的生活。她的父母为了她好，从不让她踏出家门一步。因此，除了一位教她枯燥儒家经典的老先生外，她从未见过外面的任何人，甚至不能在花园里散步。但在一个春光明媚的日子，她的侍女——一个活泼可爱的小姑娘，劝说她一起到花园里走走，那里现在正是最美的时候。接下来，您将看到"游园"这一场表演。

少女回到住所后就睡着了，在梦中再次回到花园。在园中的牡丹亭里，她邂逅了一位英俊的男子，与他坠入爱河。当她醒来时，她不相信这只是一场梦，在她心里，她觉得刚刚发生的一切都是真实经历。睡梦与清醒、幻觉与真实的界限变得朦胧。从此刻起，女子除了她的爱情，什么都不想，任何事物都无法再取悦她。她憔悴不堪，直到香消玉殒，被埋葬在花园里。

后来，一位刚刚通过科举考试的年轻男子来到这座花园，发现了女子的画像，认出她就是在梦里见到的人，从此爱上了她。为了重生，女子再次出现在他的梦里，告诉他如何挖开坟墓，助她重生。按照指示，凭借对她无尽的爱，他奇迹般地复活了女子。在经历了诸多磨难后，他们终成眷属，过上了幸福生活。

这只是对剧情的简要概括。现在，请允许我向你们简单描述即将上演的场景。但我必须提醒你们：语言只能帮助你们大致感受这首诗歌的凝练之美，而与之相配的音乐和舞蹈是无法用语言表达的。

想象一下这位少女醒来后的样子。在侍女的服侍下，她对着镜子精心梳妆打扮，认真观察自己的妆容，然后整理好衣服，同侍女来到花园。春天百花盛开，少女被它们的美所折服。天朗气清，但她总觉得少点什么。花园里虽然繁花似锦，却冷冷清清，人烟稀少。她开始思考生命的奥秘，对她而言人生才刚开始。透过鲜花，她感叹时间流逝如斯，无法挽回。整场戏的魅力之一在于，少女与春天的花朵之间始终保持着一种密切的关系，对镜梳妆与花朵绽放之间存在着一种微妙的平行关系，少女的美与花朵的美融为一体。她说："我一生爱好是天然。"此刻，她逐一观赏这些绚丽的花朵，有华丽的杜鹃花、攀缘的玫瑰花，它们仿佛被雾气缠绕，令人如痴如醉。牡丹花尤其美丽，但只有在其他花朵都凋谢的时候，它才会绽放。这是如此令人伤感，以至于少女再次想到了自己的孤独处境。当她继续前行时，她发现风景美不胜收，但她却无法尽情享受，因为她的生命中还缺少些什么。就这样，她回到住所休息，进入了梦境。接下来的故事就和我告诉你们的一样。

1957 年春季系列讲座

华人协会

加利福尼亚大学伯克利分校

1957 年 4 月 17 日

【点评】

傅汉思在文章中系统介绍了中国古典戏剧的艺术特点、发展历史和昆曲代表作《牡丹亭》中《游园》的主要情节。总体来说，傅汉思对中国古典戏剧的评价可以概括为以下三点：一、中国戏曲是一门高度综合的艺术形式；二、中国戏曲的发展特点是"传统与创造"的结合；三、中国戏曲是一种"美"的艺术。

第一，中国戏曲是一门高度综合的艺术形式。傅汉思在文中说到："中国古典戏剧是一种复杂且高度发展的艺术，或者说，它不是一种艺术，而是抒情诗、音乐、歌唱和舞蹈等几种艺术的结合体。"这一评价是准确的。王国维在《戏曲考原》中将戏曲定义为"戏曲者，谓以歌舞演故事"，又在《宋元戏曲史》中提到，"后代之戏剧，必合言语、动作、歌唱，以演一故事，而后戏剧之意义始全"，意思是说戏曲融合了诗、乐、舞等艺术形式进行叙事（故事）表达。诗乐舞是戏曲表达的方式，而故事是戏曲表达的目的。也正是因为中国戏曲这种高度的融合性，使其区别于西方传统话剧以叙事为中心的表演特点，呈现出一种类似"散点透视"的艺术特点。这也是为什么傅汉思会认为"戏剧艺术的精髓——情节或故事，在中国古典戏剧中也存在，但它并不占据中心位置，而是与其他元素相互协调、相互融合"。

第二，中国戏曲的发展特点是"传统与创造"的结合。傅汉思评论说："中国古典戏剧扎根于传统，但也为创作留下了足够的空间。"其实不管什么形式的戏剧都有其自身的传统，西方话剧也起源于公元前6世纪的古希腊，最早与祭祀、庆典有关。亚里士多德在《诗学》中曾指出，希腊悲剧的诞生要早于羊人剧（satyr play）和喜剧，而悲剧起源于酒神祭典中的酒神颂歌，悲叹酒神的不幸（悲剧的原意是"山羊之歌"）。中国戏曲作为世界三大古老戏剧形式之一，也有其悠久深厚的传统。傅汉思认为"它是中国古代文明里最古老的艺术"，这一判断是准确的。中国戏曲的雏形可追溯到原始社会的交感巫仪模仿，也即原始社会人类试图通过巫术仪式对现实的"模仿"，实现对"灵"的控制和操纵。模仿过程充满了行为模拟和节奏强烈的仪式歌舞表演，由此出现了戏曲的原始雏形。正如傅汉思所说，"在雕塑和绘画中我们也能看到古典戏剧表演的生动形象"，在云南和广西等地出土的新石器时代至青铜时代的岩画中，发现了很多拟态的戏剧动作。此后，中国戏曲经历了秦汉六朝百戏、唐五代优戏和歌舞戏、宋金杂剧后形成了成熟的戏剧形式——南戏。傅汉思在文章中并未提及南戏，但他提到了元杂剧和昆曲，并称元杂剧是"中国戏曲发展的第一个黄金时期"，这一评价也比较准确。虽然南戏是中国戏曲最早的成熟样式，但由于其语言粗鄙、音律不齐等一直无法与元杂剧比肩，后者因关汉卿、马致远、王实甫等一代文人的参与，在文学上取得了辉煌的成就。王国维也因此而主张"论真正之戏曲，不能不从元杂剧始也"。傅汉思把戏曲在明朝初期发展的戏曲新形式称为"昆腔"或"昆曲"，这一说法也无可厚非，其实更准确地说，应称之为"传奇"。传奇是由南戏演变而来，在南戏的基础上建立的一种更加成熟的戏曲规范体制，昆曲或昆剧是其中最为出名和具有代表性的一种声腔剧种。由此，我们可以看到，中国戏曲扎根于其自身传统，在漫长的历史过程中，不断创新，不断发展，最终形成了我们现在看到的"百花齐放，百家争鸣"的璀璨景象。

第三，中国戏曲是一种"美"的艺术。傅汉思在谈及中国戏曲舞台表演的视觉效果时，认为"主要目的是'美'"，这一论断比较到位。中国戏曲舞台表演最主要的目标就是"美"，从妆容、服装到舞台上的一颦一笑、一举一动无不体现着"美"的宗旨。在文章中，傅汉思重点讨论了中国戏曲的"写意美"，他形象地描述道，"在现实生活中，当我们从一个地点走到另一个地点时，我们是直线前进，然后停下来。但戏曲演员的动作从来不是直线，而是华丽的曲线，这些动作与音乐和谐流淌，绵延不断"。他还通过类比中国诗歌和绘画，进一步指出"意思不需要完全表达出来，而是留给想象"。这些论断体现出傅汉思对中国传统文化较为深刻的认识。"写意性"是中国戏曲特有的美学特征，戏剧大师齐如山也曾论及中国戏曲的写意性特征，认为中国戏曲的核心就是"避免写实"，在为梅兰芳访美制作的宣传册《梅兰芳艺术一斑》中，他明确说："戏中之动作皆需美观，亦各国皆然。而中国戏中之动作则于美观之外，又需避免像真，且需有板有眼，因其纯系舞蹈之性质也。"为此，他还专门列明了多种戏曲动作，包括演员的姿势和手势等。傅汉思在文中提到的袖子舞和多个舞台动作都是中国戏曲"写意性"的具体体现。

张充和昆剧示范表演海报

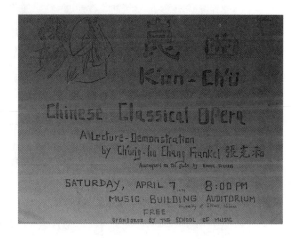

张充和昆剧示范表演海报

张充和昆剧示范表演海报　　　　　　张充和昆剧示范表演海报

张充和着昆剧服装与傅汉思参加宴会

《思凡》：一位向往俗世的尼姑

作者失考 傅汉思 译

【导读】

本文由陈安娜（Anna Chen Wu）女士提供。原题目为"Ssū fán—A Buddhist Nun Longing for the World"。

《孽海记·思凡》是昆剧中著名的折子戏，其剧情主要围绕小尼姑色空展开。色空因为年幼多病，被父母送入仙桃庵寄活。她不耐拜佛念经的寂寞生活，最终私自逃出尼庵。色空在佛门中的孤独、对世俗生活的渴望及逃离佛门追求个人幸福的决心展现了人性对自由和情感的向往。艺术特色方面，《思凡》全剧一人到底，身段繁重，姿态多变，要求演员不仅要有闺门旦的含蓄，还要有贴旦的身段功夫。戏曲界有"男怕夜奔，女怕思凡"的说法，说明该剧难度之大。《思凡》的唱词生动活泼，透彻地展现了小尼姑对宗教生活的厌弃、对青春易逝的焦虑和对男欢女爱的热望，深刻反映了人物内心世界的冲突和转变。林语堂先生在其著作《吾国与吾民》中称赞《思凡》"其文辞堪当中国第一流作品之称而无愧色"。

据笔者统计，《孽海记·思凡》是张充和在美国大学表演最多的昆剧，总计约 19 次，其次是《牡丹亭·游园》，共计约 18 次。这体现了张充和、傅汉思夫妇对《思凡》艺术美和主题美的高度认同。《思凡》是张充和在美国首演昆剧时选择的剧目。其表演和讲解《思凡》的内容被收入美国中国戏剧研究先驱——斯科特（A. C. Scott）教授的著作《中国传统戏剧》（*Traditional Chinese Plays*，1969）第二卷。该书详细记录了《思凡》的舞台布景、演员服饰及唱念做打。书中选入了张充和扮演尼姑思凡的珍贵剧照，她舞动拂尘，妆容精致，身段婀娜。

【佛曲】 昔日有个目连僧，救母亲临地狱门。借问灵山多少路？十万八千有馀零。南无佛。阿弥陀佛。

Long ago there was a monk called Mù-lién,

To save his mother he went down to the gate of Hell.

How far, I ask you, is it to the Mountain of Paradise?

108,000 miles and a little more.

Ah my Buddha, my, Amida Buddha!

【山坡羊】小尼姑年方二八正青春，被师傅削去了头发。每日里，在佛殿上烧香换水，见几个子弟游戏在山门下。他把眼儿瞧着咱，咱把眼儿觑着他。他与咱，咱共他，两下里多牵挂。冤家！怎能个成就了姻缘，就死在阎王殿前，由他！把那碓来春，锯来解，磨来挨，放在油锅里去煤，由他！只见那活人受罪，那曾见死鬼带枷？由他！火烧眉毛，且顾眼下！火烧眉毛，且顾眼下！

I, this little nun, am two times eight years old.

Just in the green spring of my life, my hair was shorn by the abbess.

Every day in the temple I burn incense and change the holy water.

I saw some young men sporting at the mountain gate,

One looked at me, I glanced at him.

He and I,

I and he,

Both drawn together by many strings.

My darling!

How could our union be achieved?

Then I'd gladly die in front of King Yama's palace.

Let him do with me as he pleases, pound me,

Saw me to pieces,

Grind me,

Fry me in oil.

Ai-ya! Let him do with me as he pleases.

I only see the torture of the living,

I've never seen the ghost of a dead man wearing a pillory.

Ai-ya! Let him do with me as he pleases.

With mg eyebrows singed I'll just protect my eyes,

With my eyebrows singed I'll just protect my eyes.

【前腔】只因俺父好看经，俺娘亲爱念佛。暮礼朝参，每日里在佛殿上烧香供佛。生下我来疾病多，因此上，把奴家舍入在空门为尼寄活。与人家追荐亡灵，不住口的念着弥陀。只听得钟声法鼓，不住手的击磬摇铃；击磬摇铃，擂鼓吹螺。平白地与地府阴司做功课！多心经，多念过；孔雀经，参不破；惟有那莲经七卷是最难学，俺师父在眼里梦里多教过。念几声南无佛，哆咀哆，萨嘛诃的般若波罗。念几声弥陀，"咻！"恨一声媒婆！念几声娑婆诃，叫，叫一声没奈何！念几声哆咀哆，怎知我感叹还多！

Just because my father liked to read the Buddhist scriptures

and my mother liked to repeat the name of Buddha

They worshiped every evening, they prayed every morning.

Each day they burned incense in the temple and made offerings to Buddha.

After I was born I was often sick,

That's why they gave me up to Buddhism,

To live as a nun

To save the souls of the deceased in other families.

My mouth never rests intoning the name of Amida,

I only hear the sound of bells and ritual calls.

My hand never rests striking the musical stones and shaking the bells

Striking the musical stones and shaking the bells,

Beating the drum and blowing the conch.

In vain I recite scriptures for the dark forces of the Underworld.

The Heart Sutra I have learned completely,

The Peacock Sutra I don't quite understand.

The Lotus Sutra, in seven chapters, is the hardest.

Our abbess calls them out and recites them even in her sleep.

I'll say a few "I put my trust in Buddha",

to-tan-to-sa-ma-ho-ti-pan-jo-po-lo.

I'll invoke a few Amida.

I'll say once,

Confound the old marriage broker.

I'll say a few so-p'o-ho.

Ai! I cry out.

I cry out once, What shall I do?

I'll say a few to-tan-to.

Who would have thought I would have so much to sigh about?

【接前】绕回廊，散闷则个；绕回廊，散闷则个。

I'll take a walk around the gallery to dispel my sadness,

I'll take a walk around the gallery to dispel my sadness.

又则见两旁罗汉塑得来有些傻角。一个儿抱膝舒怀，口儿里念着我；一个儿手托香腮，心儿里想着我；一个儿眼倦眉开，朦胧的觑着我。惟有那布袋罗汉笑呵呵；他笑我时光错，光阴过。有谁人，有谁人肯娶我这年老婆婆？降龙的，恼着我；伏虎的，恨着我。那长眉大仙愁着我；他愁我老来时有甚么结果？

All I can see are the Arhat; lined up on both sides.

Their clay statues are formed in queer shapes.

One hugs his knees in front of his open bosom,

With his mouth he invokes me.

One supports his cheek with his hand,

In his mind he is thinking of me.

One opens his sleepy eyes,

Slyly he watches me.

But there's the Arhat with the cloth sack, laughing, ha-ha!

He laughs at me as time passes,

Years go by

Who would be the man,

Who would be the man,

Willing to marry an old woman like me?

He who conquered the dragon is vexed at me,

He who subdued the tiger dislikes me.

That great immortal with the long eyebrows worries about me,

He says, what will become of me when I grow old?

佛前灯，做不得洞房花烛；香积厨，做不得玳筵东阁；钟鼓楼，做不得望夫台；草蒲团，当不得芙蓉软褥。我本是女娇娥，又不是男儿汉，为何腰盘黄绦，身穿直裰？见人家夫妻们洒乐，一对对着锦穿罗？"啊呀天吓！"不由人心热如火！不由人心热如火！

The lamp in front of Buddha is no good as a flower candle in the wedding chamber.

The temple kitchen is no good as a feasting hall.

The tower of bells and drums is no good as a terrace to watch for the husband's return.

The mat of straw and rushes is no good as a hibiscus-embroidered soft, soft mattress.

I am a graceful woman,

Not a stout man.

Why is my waist girded with a yellow silk cord

And my body clothed with a plain mended robe?

I've seen married couples gaily wearing brocade and fine silk.

A-ya! Heavens!

I can't help it, my heart burns like fire.

I can't help it, my heart burns like fire.

奴把袈裟扯破，埋了藏经，弃了木鱼，丢了铙钹。学不得罗刹女去降魔；学不得南海水月观音座。夜深沉，独自卧；起来时，独自坐。有谁人，孤恓似我？是这等削发缘何恨只恨，说谎的僧和俗：那里有天下园林树木佛！那里有枝枝叶叶光明佛！那里有江河两岸流沙佛！那里有八万四千弥陀佛！从今后把钟鼓楼佛殿远离却，下山去寻一个年少哥哥，凭他打我，骂我，说我，笑我。一心不愿成佛，不念弥陀般若波罗！

【尾声】但愿生下一个小孩儿，却不道是快活杀了我！

I tear up my camlet robe,

Bury the Tripítaka scriptures,

Throw away the "wooden fish",

Get rid of the hand bells and cymbals.

I can't be like the female Raksha, who conquered demons,

I can't be like the Avalokitéśvara of the South Sea and the Moon in the

Water.

When the night is deep and dark I sleep alone,

When I get up I sit all by myself.

Who is as lonely and sad as I?

What's the reason for cutting off my hair like this?

I hate, I just hate the lies of Buddhist monks and laymen.

How can there be Buddhas of brightness of branches and leaves?

How can there be Buddhas of floating sands on the shores of rivers and

lakes?

How can there be eighty-four thousand Amida Buddhas?

From now on I'll leave the bell tower and Buddha's temple far behind.

I'll go down, down, down the mountain

And look for a young man.

Let him beat me,

Curse me,

Criticize me,

Laugh at me.

With all my heart I don't want to become a Buddha,

I don't want to recite Amida po-jo-po-lo.

I just want to have a baby,

Wouldn't that make me so happy I could die!

【点评】

迄今为止,《孽海记·思凡》共有 4 个英译本,分别为林语堂译本、傅汉思译本、斯科特译本及汪榕培和王宏合译本。林语堂的译本参见其 1936 年出版的代表作《吾国与吾民》(*My Country and My People*)"生活的理想"一章,配有对主旨的精彩点评。[①] 斯科特的译本参见《中国传统戏剧》(第二卷),配有对戏剧艺术的详细讲解。[②]

傅汉思的翻译准确,语言平实,不添加注释。借助译文,美国观众能够轻松快速地理解台上张充和唱词的含义。细读不难发现,译文尽量贴近原文的词序和表达方式,如"正青春"(the green spring of life),中英文中均有用春天代表繁盛、血气方刚的比喻,这样处理能让美国观众在一定程度上感受中文的特点又不觉突兀。但是在个别地方译文的可读性有所折损。如"年方二八"(two times eight years)。原文中的平行修辞和复沓结构在译文中得到了较为完整的再现。原文中一些口语化的表达,译文处理得也十分地道,如色空抱怨"说我老来时有什么结果"(what will become of me when I grow old)。原文中的佛祖称谓,傅汉思也使用精准的梵语摹音词进行了传译,如罗汉(Arhat)、罗刹(Raksha)、观音(Avalokitesvara)、弥勒佛(Amida Buddhas)。

傅汉思译介昆剧唱词时沿用了其古诗英译时的总体原则,即在最大化再现原作文学性的同时保持译作的文学性。透过译诗最大化地展现原诗的风貌,是傅汉思作为美国早期专业汉学家的使命和担当。

[①] Lin Yutang, *My Country and My People*, London and Toronto: William Heinemann Ltd., 1936, pp. 122–125.

[②] A. C. Scott, *Traditional Chinese Plays* (Volume 2), Madison, Milwaukee and London: The University of Wisconsin Press, 1969, pp. 13–37. 汪榕培和王宏的译本收录于 2006 年出版的《昆曲精华》,以双语对照形式呈现,汪榕培、周秦、王宏:《昆曲精华》,苏州:苏州大学出版社,第 421–435 页。

张充和《思凡》扮相

张充和《思凡》扮相

张充和昆剧剪影

第五章

中美联璧
弘扬汉墨珠玑

　　傅汉思与张充和的汉学情缘不仅局限于传扬昆剧，还体现在合作翻译书论方面。张充和自幼习书，先后师从朱谟钦和沈尹默先生。她擅写小楷，笔法清新脱俗、格调高雅，被沈先生誉为"明人学晋人书"。她酷爱书法，晚年仍临池不辍。张充和在耶鲁大学美术学院开设书法课程24年，亦在北黑文家中教授书法，学生中不乏白人，被她戏称为"弟子三千皆白丁"。傅汉思著述中常见张充和的墨迹，她先后用以小楷为主的书法为傅汉思的10种出版物撰写正文中的汉字、注释中的汉字、参考文献中的汉字、古诗原文、中文书名等。

　　傅汉思支持张充和的书法教学工作，与其合作翻译了中国经典书论《书谱》和《续书谱》，1995年以《书谱两种》（*Two Chinese Treatises on Calligraphy*）为名由耶鲁大学出版社出版，其中《续书谱》是首次在西方世界得到译介。该书采用"译释结合"的深度翻译原则，并向英语读者细致阐释了深奥的中国书法术语。译著添加长篇学术性质的序言，另附有张充和对《书谱》《续书谱》的草书临帖。《书谱两种》成为耶鲁乃至美国多所高校的书法教程，为西方世界理解和欣赏中国书法艺术作出了巨大贡献。

张充和十分推崇孙过庭《书谱》中的一句话："初学分布，但求平正。既知平正，务追险绝。既能险绝，复归平正。"她不仅在临习中亲身实践，而且将该原则用于昆曲教学中。[①]这句话展现了中国传统文化的美学理念：学艺伊始当重视规矩与平衡，进阶阶段应追求卓越与创新，经历技巧突破和个性张扬之后当返璞归真，达到"大巧若愚"的境界。这不仅是傅张二人推崇的艺术观，也是他们奉行的人生观。

傅张二人的汉学情缘要归功于张充和的姐夫沈从文先生。沈从文除了是傅汉思的媒人，也是他的汉学启蒙老师。二人在北大结识。彼时，傅汉思在与沈从文的谈话中了解中国历史、艺术和建筑，由他的小说《中国土地》（*The Chinese Earth: Stories by Shen Tseng-wen*，1947）的英文版和中文版接触到中国文学和文化的各个方面，返美后便开始走上汉学道路。傅汉思一直盼望他到访美国，先后两次邀请终于成行。1980 年 10 月 27 日至 1981 年 2 月 15 日沈从文在美讲学访问期间，傅汉思负责打点一切事宜：他在全美 15 所大学为沈从文精心组织了 23 场演讲，负责安排沈从文的一切行程，出色地完成了沈从文在美国东部地区 9 个学校 13 场讲座的交替传译工作，详细记录下了此次行程的所有细节，详见《沈从文在美国的讲演与文化活动》[②]。

特别值得关注的是，傅汉思在此行中还助推了 1982 年《中国土地》美国版本[③]的出版发行。此版在 1947 年英国版本的基础之上新增了《作者小

---

① The Kunqu Society: *Kunqu in America, Memories of Chung-ho Chang Fränkel*（《游园惊梦：张充和在美国的昆曲人生》）线上讲座，http://youtube.com/watch?v=kJBZ2-9sj3o.

② [美]傅汉思著，张充和译：《沈从文在美国的讲演与文化活动》，载于《长河不尽流：怀念沈从文先生》，长沙：湖南文艺出版社，巴金、黄永玉等著，1989 年，第 441-442 页。

③ Tseng-wen Shen, trans. by Ti, Ching and Payne, Robert, *The Chinese Earth*, New York: Columbia University Press, Morningside edition, 1982.

传》和《再版序言》，前者在沈从文协助下由傅汉思撰写，后者由沈从文撰写、傅汉思翻译。彼时，《中国土地》的英国版绝版已久。沈从文在哥伦比亚大学做讲座期间，经夏志清提议，同意由哥大出版社再版。《中国土地》的再版将"沈从文热"在美国推向了高潮，这无疑是他对沈从文启蒙影响的恩报。

《中国土地》以 1936 年上海良友出版社发行的《从文小说习作选》（上下册）为底本，并增添了沈从文的其他小说。全书由彼时北大英语系副教授、沈从文的邻居金隄主译，并由金隄的老师白英稍加润色。选集涵盖沈从文短篇小说 14 篇，依次为《柏子》《灯》《丈夫》《会明》《三三》《月下小景》《媚金、豹子与那羊》《三个男人和一个女人》《龙朱》《夫妇》《十四夜间》《一个大王》《看虹录》《边城》。它们多植根于旧时湘西百姓的寻常生活，展现的是对传统文明的追想、对民族文化的宣扬和对人性真善美的呼唤，是沈从文文学思想的精髓之所在。通过再版，美国乃至英语世界的读者再次领略到了沈从文小说的魅力。

本章翻译《书谱两种》序言和《中国土地》"作者小传"和"再版序言"以飨读者。

《书谱两种》序言

傅汉思　张充和

【导读】

译作原文刊载于 1999 年（2017 年再版）由耶鲁大学出版社出版的《书谱两种》（*Two Chinese Treatises on Calligraphy*）的序言，第 ix 页至 xv 页，原题目为 "Introduction"。

《书谱两种》是耶鲁大学等美国多所高校的书法教程，译自中国古典书论——孙虔礼的《书谱》和姜夔的《续书谱》，对应的英译书名分别为 *Treatise on Calligraphy* 和 *Sequel to the Treatise on Calligraphy*。在《书谱两种》中，《续书谱》是首次在西方世界被全面解读和翻译，为中国书论的外译史增添了浓墨重彩的一笔。长达七页的序言不仅系统地介绍了中国书法艺术的历史渊源、艺术特色及原作者的生平和作品背景，更对翻译过程中可能遇到的难点和问题进行了详尽的澄清与解释，为读者提供了清晰的学习路径。值得一提的还有傅汉思在宣介书法艺术时所采用的比较文化视角。他巧妙地将中国书法与中世纪的欧洲抄本和伊斯兰民族的阿拉伯语书法进行比较，通过对比不同文化背景下的书法艺术，揭示了中国书法的独特魅力和深厚内涵。傅汉思指出，中国书法的字数之多及字体差异之大，都是其他书法体系所无法比拟的。这种跨文化的比较不仅增进了西方读者对中国书法的理解，也为中国书法的国际化推广开辟了新的途径。

《书谱两种》的出版和使用，不仅为北美高校的学生提供了学习中国书法的宝贵资源，而且在中国书论外译史上拥有举足轻重的地位。

书法在中国视觉艺术中一直占据着重要地位。在艺术家、学者和批评家的推崇下，书法在世界文明史上独树一帜。可以肯定的是，中国并非唯一将书法艺术化的国家。在中世纪欧洲的抄本中，在阿拉伯人及其他伊斯兰民族的书写作品中，同样可以发现精美的书法。然而，中世纪欧洲和伊斯兰书法作品的构成元素仅限于其字母表中的 20 多个字母和标点符号。相比之下，非字母的汉语书写系统则有成千上万的汉字，甲骨文时期（公元前 16—公元前 11 世纪）约有 3000 个字，到 1716 年《康熙字典》收录 47035 个字。尽管其他书写系统也发展了多种字体，但汉语的字体变化之大远远超越其他语种，其复杂性之高，甚至连专家也难以辨认。

在中国人的观念中，书法、绘画与写作三者密切相连。它们依赖同一套创作工具——毛笔、墨水、纸张或丝绸，众多文人墨客均精通其二，更有多才多艺者，能够游刃有余地驾驭全部三种艺术形式。书法、绘画和文学的理论发展轨迹不谋而合，这三种艺术的专著使用相似甚至相同的概念、术语和意象，这也不足为奇。因此，不仅中国书法的研究者，而且中国绘画和中国文学的研究者，都将对本书所呈现的两部专著产生兴趣。

自公元 2 世纪起，中国人便开始创作诸多书法理论著作。我们翻译和注释了两部较为重要的作品：一是孙虔礼的《书谱》，成书于公元 687 年；二是姜夔的《续书谱》，出版于 1208 年。我们之所以选择这两部专著进行译注，是因为它们对书法的阐述比其他同时代或之前的作品更为彻底、深刻。

关于《书谱》的作者孙虔礼，人们所知甚少，不同资料来源对几个事实存在分歧。但关于他的姓氏不存在争议。根据著名诗人陈子昂（661—702 年）为孙撰写的墓志铭，他名虔礼，字过庭。[1] 这两个名字在《书断》中有所提及。[2] 但根据窦蒙的《述书赋注》，他名过庭，字虔礼。当代学者

---

[1] 《陈子昂集》，第 124 页。

[2] 《书断》，第 203 页。

徐邦达则认为，孙过庭（字虔礼）与孙虔礼（字过庭）可能是两个人，但这一说法在我们看来说服力较弱。陈子昂的理解可能是正确的，因为他是孙的密友，而且虔礼听起来更像是名，而过庭更像是字。

孙虔礼的生卒年月不详。在《书谱》结尾处，他注明公元 687 年为该专著完成之年，正文中还提到他 15 岁（按照中国人计算年龄的方法，相当于西方的 13 或 14 岁）时开始正式学习书法，并且坚持超过了二"纪"（一纪为 12 年）。这意味着他出生于公元 648 年前后。

孙虔礼的出生地不详。中国台北卷的《书谱》全文由孙亲笔书写，开头写着："书谱，卷上，吴郡孙过庭著。"在公元 7 世纪，和现在一样，吴郡是指今江苏省苏州周边的地区。但这些字并不意味着孙虔礼出生或居住在吴郡，它们可能只是指孙的家族故居在那里。其他资料来源认为孙虔礼来自其他地区。根据《书断》，孙虔礼来自陈留，位于今河南省开封东南部。[①]《述书赋注》则认为孙虔礼来自富阳。[②] 有两个同音地，一个是今山东省富阳，另一个是今浙江省杭州附近的富阳。

至于孙虔礼的去世年份，我们只能确定是在《书谱》完成之后，在为孙虔礼撰写墓志铭和挽歌的陈子昂去世之前，也即公元 687 年至 702 年。他的墓志铭明确提及其去世地点："卒于洛阳植业里之客舍。"[③] 洛阳位于今河南省。

关于孙虔礼担任的官职，不同资料来源存在分歧。根据陈子昂撰写的墓志铭和《书断》，孙虔礼曾任率府录事参军。[④] 但《述书赋注》则称孙虔礼为右卫胄曹参军。[⑤] 这里分为三种情况：两者其一是正确的；如果孙虔礼

① 《书断》，第 203 页。
② 《述书赋》，第 256 页。
③ 《陈子昂集》，第 125 页。
④ 《陈子昂集》，第 124 页；《书断》，第 203 页。
⑤ 《述书赋》，第 256 页。

连任二职，那么两者都可能是正确的；或者两者都可能是错误的。无论如何，孙虔礼去世时没有获得高位。

陈子昂为孙虔礼撰写的墓志铭和挽歌都表明孙虔礼去世时较为年轻。[①]因此，从时间上来看，《宣和书谱》称唐太宗（599—649 年在世，626—649 年在位）赞赏孙虔礼小楷书法的说法不足为信。[②] 陈子昂撰写的墓志铭和挽歌还暗示孙虔礼在朝廷中遭受谗言，处境艰难。[③] 但他究竟遇到何种困难，我们不得而知。

在《书断》中，张怀瓘（公元 8 世纪）对孙虔礼的简短传记中没有提到《书谱》，但指出孙虔礼曾写过《运笔论》一书。[④] 这抑或是《书谱》的另一个标题，抑或是一部没有保存下来的其他书法作品。张怀瓘还评价孙虔礼为书法家，将孙虔礼的隶书、行书、草书作品评定为"能"，还指出孙虔礼的真书和行书不如草书。[⑤]

除了《书谱》和《运笔论》，孙虔礼没有写过其他散文或诗歌作品。但据说除了《书谱》之外，还有两件现存书法作品是孙虔礼的笔迹，但真实性存疑。一件是何晏（卒于 249 年）的《景福殿赋》，[⑥] 一件是《草书千字文》。[⑦]《千字文》是公元 6 世纪时为了练习书法和其他目的（比如给大型书卷"编号"）而创作的 1000 个不重复的汉字。

还有一个无法解答的问题是，今存《书谱》文本是孙虔礼的完整书法理论著作，还是未能保存下来的更长作品的引言？但无论如何，《书谱》是仅存的文本，我们必须接受这一事实。

---

① 《陈子昂集》，第 124–125、151–152 页。

② 《宣和书谱》，18.140。

③ 《陈子昂集》，第 124、151 页。

④ 《书断》，第 203 页。

⑤ 同上。

⑥ 何晏，《景福殿赋》，书法由孙虔礼完成，收于《孙过庭景福殿赋》。

⑦ 《草书千字文》，书法由孙虔礼完成。

与孙虔礼不同，姜夔的生平和作品均有大量信息予以佐证。然而，他的确切生卒年份不详；他大约生于 1155 年，卒于 1221 年前后。他的出生地是今江西省鄱阳。姜夔约 9 岁时，其父姜噩在今湖北省汉阳任地方长官，故举家迁至汉阳。数年后姜父去世，但姜夔一直留在汉阳直到 1186 年，当时其父亲好友萧德藻，一位著名的士大夫和诗人，把姜夔带到湖州（今浙江省吴兴）。姜夔余生都生活在这一地区，即长江下游地区，这里是当时中国最富裕的地方，拥有众多活跃的文化中心。他曾在湖州、苏州、杭州（南宋都城）和南京及这些城市的郊区生活过。

　　姜夔从未谋得一官半职。他靠贩卖书法作品为生，也从富裕的朋友和赞助者那里获得可观的经济援助。1190 年，一个友人称其为"白石道人"，该称号源于一个传说中的道教神仙，据说他退隐到一个叫白石山的地方，靠吃煮白石为生。姜夔过着道教隐士的生活，同时也是一位活跃且富有创造力的诗人、音乐家、作曲家、书法家及诗歌、音乐和书法理论家。他最终卒于杭州。

　　姜夔的现存作品包括诗词和一些散文作品。诗词代表作是 17 首自度曲，它们不仅是出色的系列作品，而且是研究宋代音乐和乐谱的宝贵资料。姜夔的论著包括一部重要的诗学著作《诗说》，以及我们这里探讨的《续书谱》。[①] 如题所言，姜夔的意图是撰写一本与孙虔礼的《书谱》意旨相同的著作。尽管他对几乎所有其他早期书法家持批评甚至轻蔑的态度，但他十分敬重孙虔礼，并频繁引用孙氏的观点。但"续"字不应理解为"延续"，在探讨同一主题时，姜夔选择了与孙氏相呼应的叙述方式，还探讨了孙氏作品未曾触及的诸多书法领域。

　　我们在这两部论著中发现诸多差异。相较于孙虔礼的《书谱》，姜夔的《续书谱》展现出了更为严谨的逻辑结构、更为详尽的内容阐述及更为

---

① 此处对姜夔生平和作品的记录基于林顺夫的三项研究。

具体的技法分析。姜夔倾向于一种清醒务实的方法，而孙虔礼则常常为了追求优雅华丽的文学风格而牺牲清晰度。令我们感到钦佩的是，孙虔礼作为书法的终身学习者和实践者，他在论著中对探讨的主题充满热情，并以绝对的真诚和权威来讲述。但是，孙虔礼有重复自己的倾向，经常从一个话题跳到另一个话题。要欣赏孙虔礼阐述问题的方式，我们必须记住他采用的是一种被称为"骈文"的华丽修辞风格，几乎所有字句皆成对偶。对于姜夔的《续书谱》，林顺夫曾贴切地指出，其"至少在三个相互关联的方面超越了前人的书法文本：系统和全面的理论框架，将文字视为客观实体的观念，以及极尽严谨的结构分析技巧"[1]。

孙虔礼和姜夔都是享有盛誉的书法家。孙虔礼的草书在《书谱》中得到了很好的体现，多数权威专家认为是其亲笔。然而，对于姜夔的书法，没有确凿无疑的真迹存世。但有两个可能是其亲笔的拓本可供参考。一是王羲之《兰亭集序》的跋文，收于文徵明（1470—1559 年）抄本集《停云馆》第七卷。二是《保母砖志》，刘九庵于 1993 年 11 月 18 日在北京故宫博物院向我们展示了这部作品。

接下来，我们要对翻译做些解释。我们努力将贴近中文原文与确保英文的可读性和清晰度二者结合起来。每当直译可能导致英文读者误解时，我们就会倾向于更自由的翻译。特别是在翻译孙虔礼的《书谱》时，为了确保英译本的清晰准确，我们不得不忍痛割舍原文中部分文学上的优雅表达。

人名在翻译中是一个特殊的问题。同一个人在中文文本中可能有两个或多个名字。作者使用不同的称谓以表尊重，说明某人与某个职位或地点的联系，或者是出于优雅的目的。例如书法家张芝在我们的两个文本中以下名字出现：（1）张芝；（2）伯英（字）；（3）张伯英（姓氏加

---

[1] Lin, "Chiang K'uei's Treatises", p. 305.

字）；（4）钟张，由他的姓与同时代后辈钟繇的姓组合成。中国历史上最著名的书法家王羲之，则使用以下名字：（1）羲之；（2）逸少（字）；（3）右军（他所担任的官职之一，即右军将军）；（4）与其儿子王献之的名字组合成"二王"；（5）与钟繇的名字组合成"钟王"。为了避免使读者困惑，我们在本书中一致使用姓氏和名字来指代每个人，即张芝和王羲之。在书的最后，我们列出了序言、论著和注释中提到的所有人物，提供其所有名字和其他相关信息。

另一个问题是许多书法术语的翻译。我们没有尝试去翻译这些术语，而是保留其罗马化的中文形式，并在附录的词汇表中进行解释。我们用于中文词汇和人名的罗马化系统是汉语拼音，这是中华人民共和国的官方规范体系，目前全球多数高校的中文课程均使用该体系。那些更熟悉威妥玛－翟理斯式拼音系统的人可以在许多书籍中找到从汉语拼音与威妥玛－翟理斯式拼音的转换表，例如贺凯（Charles Hucker）所著《中国古代官名辞典》（*A Dictionary of Official Titles in Imperial China*，1985）的末尾就有这样的转换表。

所幸，孙虔礼的《书谱》文本保存在一卷卷轴中，多数专家认为是其真迹。经卷轴所有者中国台北故宫博物院授权，我们复制了这份卷轴。由于它是用草书所写，较难阅读，我们提供了张充和用楷体转写的文本，并添加了标点符号。姜夔的《续书谱》没有真迹。我们提供了张充和基于最佳可用版本（收于《历代书法论文选》）书写的带标点文本。文末列出五个版本的不同解读。

孙虔礼称他将自己的著作分为六节。但是，那些认为现存文本是完整著作的人无法确定每节的起始位置。关于划分各节的提议并不一致。另外，如果人们认为现存文本是一部已遗失著作的序言，那么划分问题就不复存在。姜夔《续书谱》不存在这样的问题。它分为十八则，每则均有标题。为了方便起见，我们为其标注序号。

孙虔礼的《书谱》已有两个译本流传于世：一个是英译本，由孙大雨60年前所译，其工作在当时可谓开创性的壮举。孙大雨的译本具有极强的可读性，但翻译手法自由奔放，偶尔略去了原文中较为晦涩的短语。另一个是德译本，由郭乐知（Roger Goepper）20年前作为其博士论文的一部分所译，其工作体现了彻底性和学术严谨性。郭乐知不仅提供了精确的文本翻译和详尽的注释，还深入分析了《书谱》中所蕴含的哲学思想，并对孙虔礼现存于台北的书法作品进行了探讨。尽管我们对郭乐知的某些观点持有保留意见，但我们对他的贡献表示深深的敬意。据我们所掌握的信息，姜夔的《续书谱》尚未见有翻译之作面世。

我们希望这本书能帮助读者和书法爱好者探索中国书法艺术的深邃复杂性，并一同领略其跨越时空、历久弥新的独特魅力。

【点评】

在这篇文章中，傅汉思介绍了孙虔礼和姜夔的生平背景。首先对孙虔礼的名字进行了详细的考证。他提到，孙虔礼的名字在历史上存在一定的争议，经过学术界的研究和讨论，普遍认为"虔礼"是其名，而"过庭"则是其字。这种对名和字的区分，不仅有助于我们更准确地了解孙虔礼其人，也反映了中国古代对个人命名的文化传统。在孙虔礼的生平方面，傅汉思指出，关于孙虔礼的生卒年月，历史资料记载不详，因此只能依据现有的文献和研究成果进行推测。他提到，孙虔礼的确切出生地同样不详，这为研究孙虔礼的生平带来了一定的困难，但也激发了学者进一步探索和考证的兴趣。傅汉思还介绍了孙虔礼的仕途经历，包括他所担任的官职和政治生涯的主要阶段。此外，傅汉思还对孙虔礼的文学成就进行了概述，列举了他的主要作品和对后世的影响。孙虔礼作为一位杰出的书法家，其作品在当时就备受赞誉，傅汉思通过对这些作品的分析，展示了孙虔礼独特的书法风格和深厚的艺术造诣。有关姜夔的背景，历史文献资料较多。

傅汉思为我们呈现了姜夔的生平轨迹，探讨了姜夔的成长和生活经历。姜夔的生平经历丰富多彩，这些经历不仅塑造了他的性格，也影响了他的艺术创作。傅汉思通过对这些经历的梳理，让我们更加深入地了解到姜夔这位书法家的内心世界。最后，傅汉思还介绍了姜夔的现存作品。这些作品不仅是姜夔艺术才华的结晶，也是后人研究其书法艺术的重要资料。傅汉思通过对这些作品的分析和评价，让我们更加清晰地看到了姜夔在书法艺术上的成就和贡献。

傅汉思还对孙虔礼和姜夔的书论进行深入的对比研究，指出姜夔的《续书谱》并非孙虔礼《书谱》的延续。孙虔礼的《书谱》体现了一种优雅华丽的文学风格，即典型的"骈文"。这种对偶句式的运用虽然增强了文本的韵律和对称美，但有时也会使得文本的清晰度受到影响。此外，孙虔礼在进行论述时，其思路会呈现出跳跃性，这种跳跃性反映了作者在创作过程中的自由奔放和丰富的想象力。相较而言，姜夔的《续书谱》则展现出了一种更为条理清晰、具体入微、详细严谨的文学风格。傅汉思认为，姜夔的文风更加清醒务实，他在《续书谱》中对书法艺术的探讨更加深入细致，体现了其扎实的书法功底和对书法艺术深刻的理解。姜夔在书中不仅总结了前人的书法经验，还提出了自己的见解和创新，使得《续书谱》成为一部具有重要学术价值的著作。傅汉思的这一对比研究，不仅揭示了孙虔礼和姜夔在文学风格上的差异，也反映了两位书法家在书法艺术理解和表达上的不同取向。孙虔礼的《书谱》以其华丽的文风和跳跃性的思维，展现了书法艺术的灵动之美；而姜夔的《续书谱》则以其条理清晰和务实的风格，体现了书法艺术的严谨与深厚。

傅汉思还对这两部作品的翻译做了说明。在整体的翻译风格上，傅汉思力求使译文贴近原文的同时，也注重保持译文的流畅性和清晰度。他在翻译过程中追求一种平衡：一方面尽可能地忠实于原文的文风和意境，另一方面也考虑到目标语言读者的阅读习惯和理解能力。傅汉思指出在翻译过程中存在的具体问题。其中之一便是人名的翻译。中国古代的人名往往包含多个名字，如书法家张芝和王羲之，他们的名字在不同文献中可能有不同的表述。为了保持译文的一致性和识别度，傅汉思选择了在译文中统一采用姓氏加名字的方式，这样做既符合西方读者的姓名识别习惯，又避免了因不同名字的使用而带来的混淆。另一个突出的翻译问题是书法术语的翻译。书法术语往往具有深厚的文化内涵和专业特性，直接翻译成英文可能会丢失其原有的意义和韵味。面对这一挑战，傅汉思采取了"译释结合"的深度翻译原则：使用术语的拼音形式，同时在译文中或注释中提供必要的解释和说明。这样既保留了术语的原汁原味，又帮助读者理解其内涵和应用。这些翻译策略体现了傅汉思对翻译工作的深刻理解和高度责任感。通过他的翻译，我们能够更加直观地感受到孙虔礼和姜夔的书法艺术和理论思想，同时也能够更加深入地理解中国书法文化的精髓和魅力。

最后，傅汉思介绍了这两部作品的译介情况。《书谱》这部作品在西方的传播和影响已有一段时间，其英语和德语译本分别由孙大雨和郭乐知完成。这两位翻译者的工作为西方读者提供了接触和理解孙虔礼书法艺术与中国书论的宝贵机会，同时也为书法艺术的跨文化交流做出了重要贡献。而《续书谱》属于首次译介，这无疑为中国书论在西方世界的传播画上了浓墨重彩的一笔。

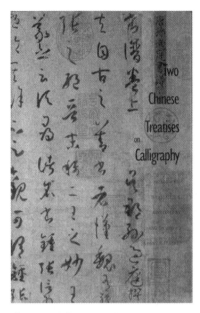

《书谱两种》美国版封面　　　　　　张充和晚年习书

张充和教授书法

記取武陵溪畔路 春風何限根荄
半肪
人間裝點自由他
願為波底蝶 隨意到天涯
描就春痕無著處 最憐泡影身家
試將飛蓋約殘花
輕綃都是淚 和霧落平沙
桃花魚一
臨江仙

當年選勝到山涯
半肪
今日隨緣遣歲華
雅俗但求生意足
鄰翁來賞隔籬瓜
小園

张充和为自己创作的诗歌《临江仙·桃花鱼》《小园》撰写书法

美国版《中国土地》作者小传

【导读】

译作原文是由金隄主译、1982 年哥伦比亚大学出版社出版的沈从文小说英译集《中国土地》（*The Chinese Earth*）的作者小传（"About the Author"）部分，第 3 页至第 5 页。

这篇文章是在沈从文的协助下，由傅汉思精心撰写而成。它深情追溯了沈从文的生命轨迹，从他的生平背景开始，直至其著作的出版之际。整篇文章以沈从文先生的访美之旅作为圆满收束，而贯穿全文的，则是沈从文先生与文学之间的不解之缘。

在傅汉思的笔下，沈从文先生自幼便展现出非凡的文学天赋和浓厚兴趣。他受到新文学革命的强烈感召，毅然北上，追寻自己的文学梦想。他把小说与散文作为自己的写作方向，即便是在动荡的岁月里，颠沛流离的艰难时刻，他仍旧坚持创作和教学，对文学的热爱与执着令人动容。然而，命运的转折也悄然降临，沈从文先生最终选择放下文学之笔，转向杂文物研究。这一转折同样充满了深刻的人生意义。

通过傅汉思的细腻叙述，我们得以窥见沈从文先生对于自身小学学历的坦然面对，以及他弃文从史背后的人生注解。这不仅是对沈从文先生个人经历的深情回顾，更是对他丰富内心世界与卓越人生智慧的致敬。

沈从文，1902 年 12 月 28 日出生于中国中西部湖南省西部山区的凤凰县。该县地处四川和贵州两省交界地带，居住于此的人口主要是当地苗族居民和驻军，其中多数驻军为被判刑的罪犯。沈从文出身于一个没落的军人世家，在家中九个兄弟姊妹中排行第四。其祖父是一名地方军官，祖母是苗族人。父亲是当地军事行政部门的官员，长期因公外出，因此无法照顾到子女教育。

沈从文厌恶学校教育。小学毕业后，他做过一些短工，但主要是被当地军队雇用，起初作为非正规军士兵，后晋升为第一中士。因为他识字，所以在军队负责做文书记录。在军队闲暇之余，他协助地方行政人员收税，并为当地报纸校对稿件。五年来，他乘船或徒步流徙于沅河及其支流一带。他喜欢观察当地民众的生活，由此目睹了许多杀戮事件。后来，他的健康状况恶化，发现自己在家乡没有发展前途。受 1919 年"五四运动"引发的文学革命启发，他于 1922 年前往这场运动的中心——北京。

在北京，沈从文深受这座大都市的日常生活、商店、艺术和知识分子氛围所吸引。他遇到了大学生、学者和作家，在北京大学旁听课程。他尝试进行多种形式的文学创作，包括诗歌和戏剧。最后他选择了小说和散文。他在《现代评论》杂志办公室找到一份小职员的工作。

1928 年，沈从文前往出版界的中心——上海。在那里，他在中国公学和位于上海郊区的暨南大学讲授新文学研究和小说习作，并继续写作。1930 年和 1931 年，他分别在武汉大学和国立青岛大学执教。1933 年，他回到北京，并于当年 9 月 9 日与之前的学生张兆和结婚。他在教育部谋得一个职位，负责编写高中教科书。1937 年 7 月 7 日，中日战争爆发，日本占领华北。1938 年，沈从文经天津、武汉、沅陵（湖南省西部）抵达中国西南部的云南省昆明，他在那里一直待了八年。妻子在战争爆发时刚生下次子，被迫暂住北京，在这座被日军占领的城市中，承受着战争的苦难。1938 年 10 月，妻子带着两个儿子离开北京，踏上了漫长而艰难的昆明之旅。在昆明，沈从文有两份工作：他一方面为教育部编纂教科书，另一方面担任国立西南联合大学的教授。1938 年至 1946 年，他在那里讲授各文体习作（白话文）和中国小说史。现今许多中国教授、作家及活跃在其他领域的学者都曾是他在昆明时的学生。战争结束后，沈从文接受了国立北京大学的邀请，前往任教。

1949 年 10 月 1 日中华人民共和国成立后，他发现自己已经无法教书，也无法通过写小说以满足新社会的需求。1950 年，他在北京历史博物馆找到一份研究员的工作。他长期对中国工艺美术和物质文化历史感兴趣，在这个领域建立了新的职业生涯，出版书籍和报告，并收集大量尚未发表的材料。1978 年 5 月，他从历史博物馆调到中国社会科学院历史研究所，担任研究员，率领自己的研究小组从事中国服饰史和装饰品史方面的研究。

1980 年，沈从文在妻子张兆和的陪同下，作为访问学者应邀来到美国耶鲁大学和其他美国大学。这是他们第一次访问西方。在美国逗留期间，沈从文发表了有关"20 年代中国文学""30 年代中国文学""中国古代服饰""中国装饰品""中国扇子的演变"等主题的演讲。

傅汉思

（沈从文协助）

【点评】

"作者小传"展现了沈从文自幼便显露出的对文学的浓厚兴趣与天赋，并介绍了他如何在新文学革命的浪潮中受到鼓舞，毅然北上，追求其文学梦想，并在此过程中明确选择了小说和散文作为其主要的文学创作方向。小传进一步叙述了沈从文在动荡不安的岁月里，即使身处颠沛流离的境地，仍坚守文学阵地，持续进行创作与教学工作。然而，令人瞩目的是，沈从文在晚年做出了转向杂文物研究的决定。

小传中写道："他（沈从文）厌恶学校教育。"这一表述不仅为傅汉思对沈从文教育背景的独特解读提供了依据，同时也透露出沈从文独特的文学成长路径。傅汉思的记述可以理解为对沈从文学历的一种辩护，暗示着沈从文并非通过传统的学校教育获得文学造诣，而是凭借其非凡的文学天赋自学成才，达到了卓越的文学高度。同时，这种表述也似乎揭示了沈从文性格中固有的对自然与纯粹之美的偏好，他的文学创作深受这种性格特点的影响。

对于沈从文"弃文从史"的抉择，小传中给出这样的解释："他发现自己已经无法教书，也无法通过写小说以满足新社会的需求。"这一转变并非简单的职业转换，而是沈从文在坚守个人文学立场的同时，对当时主流文学潮流的深刻反思。

小传的字里行间，都流露出傅汉思对沈从文的深深敬仰。这份敬仰不仅源于沈从文卓越的文学成就，更源于他坚守文学初心、勇于探索的精神。傅汉思的记述，实则是对沈从文这位汉学启蒙恩师的崇高致敬，也是对他文学精神与品格的高度认可。

通过傅汉思的笔触，沈从文对自己小学学历及晚年弃文从史的两大人生抉择给出了注解。这些注解不仅为读者提供了理解沈从文人生轨迹的宝贵视角，也彰显了他对自我身份和学术追求的深刻反思。

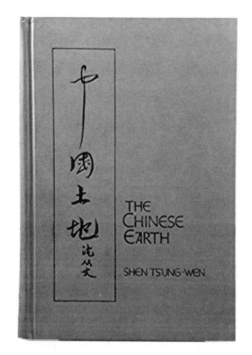

《中国土地》美国版封面

傅汉思与沈从文交谈

美国版《中国土地》再版序言

【导读】

译作原文是由金隄主译、1982 年哥伦比亚大学出版社出版的沈从文小说英译集《中国土地》（*The Chinese Earth*）的再版序言（"Preface to the Morningside Edition"），第 290 页至 292 页。

该文由沈从文先生亲自撰写，后经傅汉思的精准翻译，向读者展现了《中国土地》在英国版本的情况及美国版本的诞生背景。除此之外，文章的大部分篇幅聚焦于沈从文先生的自传，讲述了他的生平事迹与心路历程。借助傅汉思的翻译，沈从文时间跨度最长的自传得以存世，成为其 1934 年青年自传——《从文自传》的重要补充。这篇文章不仅是对沈从文文学成就的致敬，更是对他一生经历的深情回顾与记录。

《中国土地》于 1946 年出版，本书的出版离不开英国作家白英（Robert Payne）的努力。这本书以《从文小说习作选》（上海：良友出版社，1936年）为底本，增添了我其他著作中的故事。这些故事创作于 20 世纪 20 年代中期到 30 年代中期。翻译者是天津外国语学院英语系副教授金隄，彼时他在北京大学西方语言文学系教授英语，是我的挚友和邻居。金隄先生在翻译过程中与我频繁交流，探讨故事中提到的人物和地点之疑难。白英先生为改进翻译的风格和措辞倾注大量心血，并且又在翻译完成后，不遗余力地促成了伦敦的艾伦与昂温出版社于 1947 年出版此书。

我出生并成长于湖南省西部的一个小山城。我天性不羁，很难管教，不愿受旧式私塾的管制，喜欢向社会学习，研究各色人事。我让家中人大失所望，小学刚毕业，便被送到外面自力更生。我成为当地部队的一名上士，从事文书工作。五年来，我紧随军旅步伐，漂泊无定，生活充满了动荡与不易。然而，这段经历也让我得以饱览诸多中国古籍。1919年"五四运动"后，文学革命的浪潮席卷而来。我确信白话文学将开启中国文学的新纪元。为了追求更广博的知识、更光明的未来，过上自由独立的生活，我于1922年夏离开湘西老家，前往北京，当时我20岁。所幸，对于亲眼看到的诸多事件，我的脑海中保留着强烈而生动的记忆：1911年辛亥革命前后，家乡苗族人民惨遭屠杀，以及清朝的覆灭；辛亥革命后，军阀混战、烧杀抢掠愈加猖獗；那五年，我流徙于沅水及其五条支流各城镇的生活，古代诗人屈原也曾在那里游历。我熟悉那里的人们，了解他们的风俗、信仰和情感，以及他们对当权者的不信任和反感。我地位卑微，总是四处奔波，由此结识了农民、工匠和船夫。我理解他们，同情他们，发现他们多数人本质上是善良的。他们的喜怒哀乐与美好河山融为一体，成为我生命中不可磨灭的一部分。就这样，我勉强在北京以笔为生，过来六年，前三年尤为艰难。到1935年，我已出版30余本小说和散文集。

我毕生都喜爱和崇拜艺术家和工匠的工作。我在北京看到了最精美的中国手工艺品，从史前时期的陶器一直到18世纪的瓷器和其他古玩，从而爱上了中国的艺术和工艺。1950年，我开始在中国历史博物馆工作，深感中国物质文化各分支文物之丰富与繁多，对中国文明史的研究具有重要意义。自1978年起，我在中国历史博物馆及在中国社会科学院历史研究所的工作中，不断提出诸多值得研究的新课题和新问题。

1980年10月，我受邀赴美国耶鲁大学和美国其他大学讲学，这是我首次踏上异国他乡。我讲述了自己20世纪20年代和30年代在中国文学界的经历，以及自1950年以来在物质文化史领域的工作。在美国，我重逢了旧友，结交了新知，参观了美国博物馆和图书馆的中国藏品，和大家讨论共同关心的问题也让我感到欣喜。我对中美文化合作的前景充满期待。那些来听我讲座并与我交谈的人，都能感受到我对当前工作的喜悦与满足。

在哥伦比亚大学演讲时，我结识了两位来自哥伦比亚大学出版社的工作者，经夏志清（C. T. Hsia）教授引荐，他们向我提议想重新出版已经绝版的《中国土地》。我欣然应允。我深感欣慰，英语世界的读者对我多年前写的故事仍感兴趣。若此书能够吸引他们的目光，那么应归功于将这些故事翻译成英文的金隄先生和白英先生。感谢他们及所有为再版付出辛劳的同人。感谢耶鲁大学傅汉思教授将这篇序言译成英文。

1981 年 1 月
于康涅狄格州北黑文
沈从文

【点评】

这篇文章除介绍《中国土地》美国版本的缘起外，主要是沈从文的自传。傅汉思的翻译，不仅让沈从文的自传得以跨越语言的障碍，更使其成为 1934 年《从文自传》的重要补充。

在自传部分，沈从文先生解释了自己对教育的看法及自己的学历，"不愿受旧式私塾的管制，喜欢向社会学习，研究各色人事"。他不愿受到传统私塾教育的束缚，而是选择了向社会学习，研究人间百态。这种对知识自由探索的渴望，体现了沈从文对传统教育制度的批判与超越，也映射出他独立思考与自我教育的精神追求。沈从文还特别强调，他弃文从史，是源于对艺术与工艺的热爱。在北京，他目睹了中国手工艺品的精妙绝伦，从史前陶器到 18 世纪的瓷器，这些艺术品的精湛工艺深深打动了他，激发了他对中国文化的无限热爱和深入研究。

《再版序言》不仅是沈从文先生个人经历的记录，更是他对中国传统文化、艺术与工艺的深刻思考和独到见解的体现。通过这部作品，我们得以窥见一位文学家、历史学家和思想家的内心世界，感受到他对中国文化的热爱与追求。

傅汉思为沈从文讲座担任翻译

傅汉思夫妇与沈从文夫妇合影

第六章

慈父良师
彰显家风学养

因长期疾病困扰，傅汉思于 2003 年 8 月 26 日在康涅狄格州北黑文逝世，享年 86 岁。9 月 12 日，《耶鲁公告牌和行事历》（*Yale Bulletin&Calendar*）发布官方讣告。[①]9 月 27 日，傅汉思追思仪式在耶鲁大学德怀特教堂（Dwight Chapel）举办。包括康达维、宇文所安、史景迁（Jonathan D. Spence）、侯思孟（Donald Holzman）在内的一众汉学名家为之撰写悼词，足见其学界影响力。傅汉思之子傅以元（Ian Fränkel）也以文字追念深沉父爱。本章选取康达维和傅以元之悼词以飨读者。

傅汉思人生阅历丰富。他自德国移民美国，又从美国前往中国，最后从美国西部迁至美国东部定居。他凭借自己的语言优势服务于美军一线，一路接受西方语言文学学术训练，曾教授和研究中国历史，但最终还是被中国文学吸引，在耶鲁大学东亚语言文学系执教 26 年，逐步成长为美国中国文学研究的领袖，毕生致力于中国

[①] "Chinese literature scholar and translator Hans Fränkel dies", *Yale Bulletin & Calendar*, Vol.32 (2), 2003.9.12.

古诗的翻译与研究及中国文化的宣传与推广。

傅汉思的中国文学研究独具特色。正是由于出身西方语言文学，他在研究中国古典文学时才具有中西比较的视野，并擅长在研究中运用西方文学批评理论。前者集中体现为将中国乐府与欧洲民谣比较，后者包括母题、新批评、口头程式理论等。

傅汉思的学术研究影响深远。作为美国中国文学研究的先驱，他培养和影响了一大批美国汉学翘楚。他是美国唐诗翻译与研究的权威宇文所安在耶鲁本科至博士阶段的导师，也是美国中国史研究专家史景迁的中国古诗启蒙老师。他曾招聘美国汉赋翻译与研究的权威康达维至耶鲁工作并给予人生导师般的悉心呵护，影响并塑造了北美墨梅研究的权威毕嘉珍。这些专家在哈佛大学、耶鲁大学、华盛顿大学、布朗大学等美国名校任教，传承美国汉学的薪火。

傅汉思的离世是美国汉学界的重大损失，他的成就和贡献被后世传扬。宇文所安写道，"汉思代表了一个逝去的时代。……他的话语是陌生知识'接触地带'的重要组成部分，即美国中国文学研究。在该领域中国学术传统、美国文学研究、欧洲人文主义传统相互摩擦，并找到了新的适应方式"。宇文所安进一步揭示了傅汉思对三种学术传统的承继，"汉思本身就是这样一个接触地带：有充和为伴，他致力于钻研中国学术传统；他的身上充满了美国人的怀疑精神；他始终铭记自己的欧洲人文主义根基"。①傅汉思同事、耶鲁大学荣休教授孙康宜写道，"傅汉思教授是美国中国文学研究领域毋庸置疑的先驱"，"其学术卓越之处在于融合了相关的西方文学理论（如新批评）和扎实的汉学研究。他对文学极为敏感，且文学表达能力超强。他的著作《梅花与宫闱佳丽：中国诗选译随谈》是中国文学

① ［美］宇文所安：《Owen 教授在傅汉思追思仪式上的悼词》，《水》复刊第 24 期——张充和、傅汉思纪念特刊，2004 年 7 月 15 日。

研究领域的正典，我至今仍在耶鲁的许多课程中使用"。[1]

　　傅汉思先生不止一面，他是卓越的学者，也是亲切的老师，体贴的丈夫，慈祥的父亲，忠诚的朋友。傅汉思被宇文所安尊为"父亲式的博导"，他鼎力支持张充和的昆曲事业，引导儿子傅以元发展爱好走上飞行员的职业生涯，不忘启蒙之恩负责打点沈从文美国之旅全部行程。在友人眼中，傅汉思是温柔的、谦逊的、自然的、热心的。晚年的傅汉思尽心服务公益事业。张充和曾回忆道："汉思退休以后，尽义务为盲人录音多年。读希腊、拉丁、西班牙、葡萄牙、意大利、法、德等语言文学书，直至有病翻书不便才停，但亦常在电话中回答书中有关语言文学问题。"[2] 耶鲁发布的傅汉思讣告表示，"纪念捐款将全部用于为盲人和阅读障碍者录音"[3]。自身健康尚且堪忧，还坚持关怀弱势群体，足见汉思悲天悯人的大爱之心。

---

①　Kang-i Sun Chang，"Chinese literature scholar and translator Hans Fränkel dies"，*Yale Bulletin & Calendar*, Vol.32 (2), 2003.9.12.

②　《水》复刊第 24 期——张充和、傅汉思纪念特刊，2004 年 7 月 15 日。

③　Kang-i Sun Chang，"Chinese literature scholar and translator Hans Fränkel dies"，*Yale Bulletin & Calendar*, Vol.32 (2), 2003.9.12.

傅以元在傅汉思追思仪式上的悼词

傅以元

【导读】

译作原文于 2003 年 9 月 23 日由傅以元在傅汉思追思仪式上发表，后刊载于 2004 年 7 月 15 日合肥张家家族刊物《水》复刊第 24 期——张充和、傅汉思纪念特刊上。

在这篇悼词中，傅以元以长子的身份分享了一个真实而多面的父亲形象。通过他的讲述，我们得以窥见，傅汉思不仅是一位在学术界享有盛誉的学者，更是一位充满冒险精神、健康理念、艺术细胞和家庭情怀的父亲和丈夫。

首先，感谢诸位前来参加我父亲的追思仪式。

多数在座者是在耶鲁大学或学术界认识我父亲的，他以卓越的研究成就赢得了广泛赞誉。然而，此刻，我想借此机会简要分享父亲鲜为人知的一些方面。

父亲具有非凡的冒险精神。在我六七岁时，他带着我们全家，开着一辆 1961 年的福特猎鹰，横跨辽阔的国土，只为参加我祖父母的金婚纪念仪式。沿途，我们于帐篷中安身，篝火旁做饭，睡袋中入梦，甚至还被虫子咬过。

我 9 岁那年，他带我们全家环游世界整整一年。在那次旅行中，有一件事让我记忆犹新：无论我们到达哪里，他都能用当地人的语言与别人交谈。这给我留下了极为深刻的印象。

那次旅行中，我们经历了一段难忘的海上航行，自中国台湾启航，目的地是日本神户。按照既定行程，全体乘客和船员须于次日参加救生艇演练。当时海面波涛汹涌。除了船员，只有我和父亲勇敢地出现在甲板上，其余乘客均因晕船而留在舱内。此后，父亲和母亲继续周游世界。他们曾在摩洛哥骑骆驼，在中国黄河划船，游历澳大利亚内陆，在澳门体验水上滑翔。他们还一起做过很多这么棒的事情。

在养生和健身风尚盛行之前，父亲就已经是一位健身爱好者。他经常骑着一辆配着橙色旗帜的黑色罗利三速自行车往返于耶鲁大学，无论晴雨冬夏，无论白天黑夜。他经常游泳，曾在一次慈善游泳比赛中，在同年龄组中脱颖而出。他 75 岁时，在夏威夷游向了大海深处，身影逐渐消失在我们的视线之外。然而，十多分钟后，他便安全游回岸边，并对我们的担忧感到不解。

小时候，我看到父亲喜欢吃一些养生的食物，不过那些食物看起来更适合森林动物。现在，这些种子和坚果已成为健康饮食的主流。

父亲也爱好音乐。他喜欢的音乐家有贝多芬、莫扎特和巴赫，贝多芬可能是他最喜欢的。他对这些作曲家的生平和时代背景了如指掌，不仅了解他们的音乐，还深知他们之间的相互影响。自我幼时起，父亲就将我引入古典音乐的世界，传授给我许多知识。他年轻时弹过风琴，余生则以钢琴为伴，技艺精湛。他还演奏过一些打击乐器，在我母亲练昆曲时，能够跟着她吟唱一些。

更重要的是，对我和妹妹艾玛而言，他是一位伟大的父亲；对我母亲而言，他更是一位杰出的丈夫。在我青少年时期，他经常把我叫进书房，单独和我探讨未来的梦想。当时我有几个想法，看似颇具前景。他为我分析了利弊，帮助我寻找自己真正的热爱。他建议，既然我喜欢旅行，尤其是偏爱飞行，也许我可以考虑做一名飞行员。我接受了这个提议。但令我意外的是，第二天他就为我安排了一次飞行课程。当天，我从机场回家后，告诉他，这将是我未来的职业！至今，我仍每天感激他的教诲。当我拿到第一张飞行执照时，父亲是我的第一位乘客。他真是既冒险又勇敢！

父亲从不高声强调自己的观点。他更愿意以身作则。他一直陪伴着我们。他是我认识的最无私、最有爱的人。

我会永远怀念他。

感谢各位。

【点评】

凭借精湛的中国古诗英译和独到的中国古诗研究，傅汉思获得了耶鲁大学乃至中西学术界的广泛认可和推崇。然而，他的人生并非局限于学术领域。他同样以非凡的冒险精神和对生活的热爱，书写了属于自己的人生传奇。

他敢于挑战未知，带领家人穿越国家、环游世界，这种勇气令人敬佩，这当然也得益于他的语言优势。他通过亲身经历，向人们展示了探索未知的魅力，激发了人们内心的渴望。

他对生命抱有至高的敬畏。他坚持运动，健康饮食，这种自律与毅力值得学习。他用行动告诉我们，健康是生命之本，只有拥有健康的体魄，才能更好地追求事业与生活的卓越。

他醉心文艺。其中西融通的视野不仅贯穿文学研究当中，而且体现在艺术鉴赏方面——他在西方古典乐和中国昆曲中陶冶性情。

他热爱家庭。作为父亲和丈夫，他用自己的爱与智慧，为家人创造了一个温馨和谐的生活环境。他以身作则，教育子女，传承家风，这种家庭情怀与责任感，彰显了他作为一个人的全面素质与高尚品质。

傅以元的悼词向我们呈现了傅汉思充满勇气、智慧与爱心的立体形象。傅汉思的学术成就、生活经历与家庭情怀为我们提供了宝贵的启示。后人将铭记他的贡献，传承他的精神，为学术与社会的进步贡献自己的力量。

傅汉思全家福 1

傅汉思全家福 2

康达维教授在傅汉思追思仪式上的悼词

康达维 [①]

【导读】

译作原文于 2003 年 9 月 23 日由康达维教授在傅汉思追思仪式上发表，后刊载于 2004 年 7 月 15 日合肥张家家族刊物《水》复刊第 24 期——张充和、傅汉思纪念特刊上。

在这篇悼词中，美国汉学家康达维感念傅汉思的知遇之恩，追忆傅汉思的学术历程，指出其在中国历史研究上的特色和创新，高度肯定其在西方中国文学研究史上的开拓地位和卓越贡献，特别是对古诗意象的研究及对新批评研究方法和人格面具理论的使用，并谈及为师时质朴的作风及与张充和美满的家庭生活。

1967 年 11 月，我有幸与汉思结识。当时我仍在华盛顿大学攻读博士。两个月前，汉思联系我，告诉我耶鲁大学需要一位中国文学教师。我把自己的简历和博士论文的部分章节一并邮寄给他。我以为耶鲁大学不会对我这个来自蒙大拿州的乡下小子感兴趣，所以没指望再接到他的电话。然而，11 月初，我接到了汉思的电话。我至今仍记得，当时电话信号非常差，我几乎听不到汉思的声音。他告诉我，他正在前往斯坦福的路上，但计划顺

---

① 康达维（1942—　），美国著名汉学家，华盛顿大学中国语言文学系荣休教授、美国人文与科学院院士，曾任美国东方学会会长。2014 年荣获第八届中华图书特殊贡献奖、国际汉学翻译大雅奖。长期从事中国古代文学研究，尤以汉魏六朝文学研究成就卓越，共出版十余本学术论著，百余篇学术论文。

便在西雅图停留，希望和我见一面。我到机场迎接他，陪他前往酒店。我们在他的房间里坐下，畅谈了约一个小时。我们只谈了学术上的问题，令我诧异的是，汉思主要在询问我对一些文学作品的理解，而他对这些文学作品的理解无疑远超于我。我心想，他真是一位了不起的学者和老师，能与他见面真是无比荣幸。我从未想过自己会有幸成为他的同事。就在我准备告辞之际，汉思说了一句话："对了，耶鲁大学打算录用你。"这完全出乎我的意料，现在回想起来，这足以证明汉思的为人。他首先是一位学者和知识分子，在他的生命里，思想和学术是最重要的。因此，尽管他来找我是为了提供一份工作，但他对于参与学术讨论的热情远远超过现在所谓"教师招聘"的世俗任务。

这并不意味着汉思对我本人漠不关心。恰恰相反，从我开始计划前往耶鲁大学任职一直到今年，汉思都在给予我宝贵的建议。在准备这篇发言稿时，我找出汉思写给我的一沓信件，足足有约三厘米厚，它们见证着汉思多年来对我的慷慨协助。在最早的一封信中，他详细列出了我的教学计划。那时候，即使是像汉思这样的资深教授，每年也得承担六门课程的讲授任务。汉思还亲自为我订购教科书（在一封信中，他提到自己曾写信给一家香港出版商，询问我需要的教材是否还有存货），为我安排住处，直到我找到固定居所，甚至还为我提供如何授课的建议。在另一封信里，汉思劝我不要将《文选》全都翻译出来。当时，《文选》第一卷已经出版。他在信中写道："但你我都知道，古往今来，许多伟大的学者、作家和艺术家，或者说所有值得尊敬的人，都认为对项目进行改变或缩减是必要的，或者是更加明智的选择，但他们并未因此受到轻视。"很遗憾，我没有采纳他的这则建议。汉思最近写给我的信是一张手写的便条，是去年秋天寄给我的。他得知我即将回到耶鲁大学演讲，表示自己因身体抱恙而无法出席，但希望我能抽空去看望他。去年，我有幸跟他见了两次面，他的思维一如既往的清晰、敏锐。

接下来我要谈谈汉思的学术工作。

汉思是以历史学家的身份开启汉学研究的。1951 年至 1959 年，他在加州大学伯克利分校担任中国历史学驻校历史学家，并兼任"中国王朝史译文"（Chinese Dynastic Histories Translations）课题的编辑。汉思亲自为该课题编写了两卷。其中之一便是他于 1957 年出版的《中国王朝史译文目录（曹魏至五代）》（*Catalogue of Translations from the Chinese Dynastic Histories for the Period 220—960*）。这本书堪称是一部真正的参考文献宝典，其中援引的一些晦涩的欧洲语言翻译版本，只有像汉思这样的语言天才才能辨识。

该系列的第一卷书正是出自汉思。他翻译了唐代著名诗人孟浩然的两部传记，它们于 1952 年首次出版，后于 1961 年修订重印。这卷书虽篇幅不大，但在汉思早期的汉学作品中，以质量上乘而成为典范。译文本身只有三页，但注释却洋洋洒洒长达十页。这些注释绝非空洞无物的学术赘述，相反，它们蕴含了诸多宝贵的信息，其中不乏在当时被视为前沿的研究成果：纠正了孟浩然的出生年份，当时多数文献对此的记录并不准确；探讨了孟浩然名字"浩然"的深层含义，以及该名字如何赢得孟姓人的青睐；还有一则较长的注释，旨在阐明唐太宗发现孟浩然藏身于王维床底的传闻实乃虚构。汉思对于传统权威的温和质疑，是我最为欣赏的一点。在他的整个学术生涯中，他发表的许多研究成果对中国名作的传统归属提出了质疑。稍后我会详细介绍这一点。

汉思对中国历史的研究不局限于翻译。他是西方最早研究中国传统历史作品编纂背后潜在假设的学者之一。或许他最为重要的作品是他在德国撰写的一篇长篇论文，该论文发表于 1958 年，题为《3 至 11 世纪中国官方历史写作中的客观性和偏见》（*Objektivität und Parteilichkeit in der offiziellen chinesischen Geschichtschreibung vom 3. bis 11. Jahrhundert*）。在这项研究中，汉思考察了由中国朝廷赞助编撰的历史文献中存在的诸多偏见和曲解。

汉思还关注过中国传记写作的传统。1960年，傅汉思向耶鲁大学杰出中国历史学家芮沃寿（Arthur Wright）组织的第五届"中国思想研讨会"提交了一篇论文。这篇论文考察了101位唐朝文人的传记，细致入微地分析了这些传记在修辞手法等方面的共同特征。汉思在这项研究中分享的一则个人轶事给我留下深刻的印象。在讨论文人传记里屡见不鲜的神童现象时，汉思穿插了一则儿子傅以元的趣事。他自豪地提到，儿子以元在年仅4岁时便已识得逾1500个汉字！

汉思虽然喜欢研究中国历史，但他最为钟爱中国文学，尤其是诗歌。1997年，在我和宇文所安共同担任主编的《唐学报》特刊中，我撰写了一篇关于汉思的文章。其中写道："汉思在中国文学领域堪称自学成才的典范。他刚进入这一领域时，西方几乎没有可以效仿的榜样。凭借其在西方文学领域的深厚底蕴，汉思成功将新的中国文学研究方法引入汉学领域。我认为，汉思可以被誉为第一位专注于中国文学纯文学研究的西方学者。他并非借助文学来研究传记、思想、社会等，而是主要关注文学本身的艺术魅力。"

在汉思的学术征途中，他始终致力于探索中国诗歌的本质。他在中国诗歌意象研究领域亦是开疆拓土的先锋。我认为，汉思研究中国诗歌的首篇力作是一篇关于梅树的长篇论文，梅树是中国诗歌及中国绘画中最具代表性的意象。汉思亦是研究中国古典诗歌技巧特征的少数学者之一。在耶鲁大学英语系名宿维姆萨特主编的韵律学专著中，便收录了汉思的一篇佳作 [1]，据我所知，它对唐代律诗的复杂规则做出了最为清晰的阐释。汉思以其独到的洞察力，将那些被多数学者视为晦涩难懂的问题娓娓道来，对中

---

[1] Hans Hermann Fränkel, "Classical Chinese", in *Versification: Major Language Types*, ed. William K. Wimsatt, Modern Language Association, New York: New York University Press, 1972, pp. 22–37.

国古诗的基本韵律规则展开了令人信服的剖析。

　　尽管汉思并非当代文学理论的强烈支持者，但他在中国诗歌研究方面有一套清晰的理论假设。汉思将这套理论应用于他对诗歌的解读上，其代表作便是关于诗人曹植的开创性论文——《曹植诗十五首：一种新方法的尝试》。汉思采用了一种新颖的方法——新批评，成为汉学领域运用此法解读中国诗歌的首位学者。汉思在这篇论文中提出，将诗歌作为传记阅读必然会导致循环论证。正如汉思所说："一方面，我们根据一首诗作中所'表达的情感'去判断它的写作时间；另一方面，这首诗被用于表达作者理应创作这首诗时的情感。"① 初次阅读这篇文章时，我刚开始研究中国古典诗歌。这篇论文与哈佛大学海陶玮的论文是英语世界中为数不多的中国文学研究，我将其作为自己研究的典范。毫不夸张地说，读博期间，我将这篇文章反复研读达十余次之多。

　　我在 1997 年发表的一篇文章中，这样阐述汉思的诗歌分析方法："如果奥卡姆剃刀原则在文学研究领域具有实际效力，那么汉思无疑是将这一原则应用于中国文学领域的佼佼者。汉思的研究虽然蕴含着丰富的理论价值，但他更倾向于通过朴实无华、近乎直觉的文本细读方式来验证某种解读的合理性，而非诉诸繁复冗长的论证过程。汉思总是偏好简单明了的分析路径，而非复杂深奥的探讨方式。20 世纪 60 年代末，我曾有幸在耶鲁大学旁听汉思的课程。那时的课堂上，宇文所安、弗朗西斯·韦斯特布鲁克（Francis Westbrook）和傅恩（Lois Fusek）等学生都是中国诗歌的敏锐洞察者。尽管我们时常提出一些看似荒诞的解读，汉思总是能够指出那些表面上显而易见，但常被忽视的关键细节，引领我们回归现实。"②

①　Hans Hermann Fränkel, "Fifteen Poems by Ts'ao Chih: An Attempt at a New Approach", in *Journal of the American Oriental Society*, 84(1964), pp. 1–14.

②　David R. Knechtges, co-translator and editor. Gong Kechang. *Studies of the Han Fu*. American Oriental Series 84. New Haven: American Oriental Society, 1997.

如前所述，汉思作为学者的可贵之处在于他对现有观点持温和质疑的态度。他最为重要的著作之一便是关于作品真实性的研究，在其中一篇详尽而深刻的长篇论文中，他深入探讨了曹植部分作品，以东汉诗人蔡邕之名流传的诗歌，以及被认为是唐代诗人李白创作的诗歌的真实性。汉思的这种质疑精神再次令我折服。他的目的并非出于颠覆传统的冲动，而仅仅是为了确保我们可以不加怀疑地相信某些作品的传统归属。

我最钦佩汉思自然与朴实的品质。侯思孟在其致敬文章中提到，汉思出身于高级知识分子家庭。汉思在欧洲语言和文学领域拥有深厚的知识底蕴，但他从不自夸其学，只有在必要且有助于诠释中国文学的某些方面时，他才会巧妙地融入源自欧洲传统的类比。汉思学术风范的一个例证是他撰写的比较汉语和普罗旺斯语中诗人传记的文章。也许汉思最为杰出的比较研究莫过于他的乐府诗作品。在这一领域，他通过与欧洲民谣和口头程式化创作的比较，开辟了新天地。然而，近来汉思在该领域的研究受到了挫折。今年我向他提及此事时，他只是淡然一笑，表示他已经不再参与学术辩论了。

汉思不仅是一位杰出的学者，更是一位模范丈夫与模范父亲。我在耶鲁大学任教期间，有幸多次去他家拜访，并从一开始便清楚地意识到，（张）充和在汉思的生命中不可或缺。她协助汉思解读晦涩难懂的中文，她优雅的书法也为汉思的多部著作增色不少。多年来，她还在接待众多到访的杰出学者方面发挥了重要作用。我特别记得有一次，到访的贵宾包括饶宗颐和中国语言大师李方桂。我们有幸欣赏到了充和、李教授及饶教授的书法艺术，他们各自挥毫泼墨，书写了一段段古典中文。在汉思的家中，我还领略到另一种中国传统艺术——高超的中式烹饪技艺。那时，我尚未品尝过正宗的中国美食，充和准备的佳肴让我对中国美食及其烹饪历史产生了浓厚的兴趣。

拜访汉思和充和之际，我深受触动的是这对伉俪之间的相互奉献和深情厚谊。他们的关系是真正互补的。汉思对充和的艺术和音乐兴趣给予了巨大支持，而充和同样也鼎力支持汉思的学术事业。很难想象没有汉思，充和的人生会是怎样，因为他们的确是不可分割的整体。

最后，我想援引汉末作家蔡邕的墓志铭，向汉思致以最崇高的敬意。蔡邕是蔡琰的父亲，汉思曾在其代表作中翻译和研究了蔡琰的作品。公元169年，蔡邕为纪念一位名士所作之铭，字字珠玑。我深信，汉思定能深刻理解这部作品。若他此刻在场，定会感到欣慰，听我吟咏这些古雅而真挚的文字，作为对他——这位杰出学者、启迪心灵的师长及人格完美的君子的终极致敬：

> 崇壮幽浚，
>
> 如山如渊。
>
> 礼乐是悦，
>
> 诗书是敦。
>
> 匪惟摭华，
>
> 乃寻厥根。
>
> 宫墙重仞，
>
> 允得其门。
>
> 懿乎其纯，
>
> 确乎其操。

【点评】

在这篇悼词中，康达维满怀感念与敬意，回忆了与恩师傅汉思的相识过程。傅汉思不仅协助他寻找教职，更难能可贵的是，彼时已享有学术盛誉的他，仍然保持谦逊的作风。他对初入学界的康达维极为爱护，在生活和工作上给予了慷慨的帮助，体现在安排住处、订购教材、制订教学计划等方面，诸如此类，事无巨细。

康达维还追忆了傅汉思的学术历程。他对傅汉思在西方中国文学研究史上的地位给予了高度肯定，强调傅汉思是一位真正的开拓者，其贡献卓越且深远。特别是傅汉思对古诗意象的深入研究，不仅揭示了中国古诗的丰富内涵，更为西方学者打开了一扇了解中国传统文化的大门。此外，傅汉思对新批评研究方法和人格面具理论的巧妙运用，也为中国文学研究提供了新的视角和工具，极大地推动了这一领域的发展。

在谈及为师之道时，康达维表示，傅汉斯始终保持着质朴的作风，他以身作则，用自己的严谨治学和勤奋工作为学生树立了榜样。他鼓励学生独立思考，勇于探索，这种教育理念深深地影响了康达维，也让他受益终身。

最后，康达维还谈到傅汉思与张充和的美满家庭生活。傅教授不仅是一位杰出的学者，更是一位深情且负责任的丈夫。他与张充和共同营造了一个充满爱与温暖的家庭环境，这种和谐的家庭关系也为他的学术研究提供了源源不断的动力和支持。康达维感叹，正是有了这样坚实的后盾，傅汉思才能在学术道路上走得更远、更稳。

后记

2019 年 7 月至 2020 年 7 月，我有幸获得国家留学基金会青年骨干教师出国研修项目资助，在耶鲁大学做访问学者。彼时，我还是博士生，正在为论文选题迷茫。幸得导师顾钧教授指引，让我关注耶鲁汉学家傅汉思，从此我便走上了傅汉思研究之路。迄今为止，我已发表傅汉思研究作品 5 种：专著《傅汉思中国古诗英译研究》和论文《美国汉学家傅汉思"梅花诗"译介研究》《汉学伉俪傅汉思与张充和》《傅汉思与沈从文——跨越半世纪的恩与报》《美国汉学家傅汉思》。另有 1 篇译文《中国诗歌中的梅树》和 1 篇论文《20 世纪下半叶昆剧在美国的传播：以张充和与傅汉思为中心》即将见刊。

其中，专著《傅汉思中国古诗英译研究》荣获中国社科院创新工程学术出版资助项目资助，由外文局前副局长兼总编辑黄友义译审，耶鲁大学国际事务首席顾问王芳、苏州大学特聘教授季进联袂推荐，由著名作家王道撰写书评，已被哈佛大学、耶鲁大学、哥伦比亚大学主动订购并收入馆藏。论文《美国汉学家傅汉思"梅花诗"译介研究》分别于 2022 年 9 月 18 日和 2023 年 3 月 4 日在北京洪堡论坛"中国文学在欧美的翻译与阐释"分论坛、中国人民大学外国语学院外语学科青年学者论坛上得到宣读，受到专家好评。论文《汉学伉俪傅汉思与张充和》得到《中华读书报》头版头条推荐，官微推文阅读量达 4889；被中国作家网、中国新闻社官方账号"华舆"全文转载。相关研究成果于 2022 年 6 月 25 日在北京外国语大学国际中国文化研究院主办的"中国戏曲在海外"学术研讨会上得到宣读，受到专家好评。论文《傅汉思与沈从文——跨越半世纪的恩与报》也被中国作家网全文转载。

以上作品的出版均为这部编译著作的完成做了铺垫。当然，本书的顺利出版也离不开诸多师友的帮助。

首先要感谢授予我翻译版权的傅以元（Ian Fränkel）先生和傅以谟（Emma Fränkel）女士，他们被我对傅汉思研究和出版的热忱打动，并称其父母是伟大的学者、温柔的父母和彼此扶持的伴侣。

其次要感谢保利艺术博物馆书画部刘晓洋先生，他是《一生爱好是天然——张充和诞辰110周年纪念展》的策展人。是他介绍我与以元、以谟结缘，并为本书提供了珍贵图片。

我要感谢康达维老师和陈安娜老师。康达维老师是西方中国文学研究的泰斗，他与我从未谋面，却在一封封充满温度的邮件中关注着我的学术成长，为我提供悉心的指导。陈安娜老师是跟随张充和学曲时间最长的弟子，她为本书提供了傅汉思悼词和昆曲唱词翻译等宝贵资料。

我还要感谢中国青年出版社刘霜主任和苏州作家王道。王老师是国内合肥张家研究第一人，他曾先后撰写《流动的斯文：合肥张家记事》《似水华年：〈水〉与一个家族的精神传奇》《一生充和》《笙歌扶梦》《斯文家风：合肥张家解码》，编注《小园即事——充和文集》。其中《一生充和》入围年度"中国好书"，培养了很多充和的粉丝。王老师通过实地考察、亲自采访和口述实录等方式获得大量一手文献，亦是我从事傅汉思研究采取的方式。经王老师介绍，我与刘霜老师结识。感谢刘老师的信任，我们在社里聊完后便迅速敲定了选题，她在成稿后对我的文风、体例等给予了悉心指导。

研究傅汉思是一件幸事，这是源于对其研究路径、研究发现乃至人格魅力的高度认同。某位历史学家和汉学家曾表示，傅汉思实现了中国人的至高理想——人与作品的完美统一。他是中国传统文化和中国古诗的化身。

而恰巧，傅汉思在其代表作《中国诗选译随谈》中也曾以类似的文字形容张充和，将她誉为"中华文明最美好精致部分的活生生的化身"[①]。20世纪下半叶，傅汉思在美国翻译中国古诗，研究中国古诗，助力张充和的昆剧和书法事业和沈从文文学的推广。这对汉学伉俪互相扶持，亦桃李芬芳，谱写了一段堪比李清照、赵明诚洋溢诗书乐的美好时光，促进了中国古典文学和雅文化在美国的传播。

衷心希望借由此书，越来越多的读者能认识傅汉思，了解傅汉思，进而传承其学术研究中旁征博引、中西融通的精神，更好地推动中国文化走向世界。

此书出版之际，我已经在波兰格但斯克孔子学院担任中方院长，亲身体验当年傅汉思与张充和在异域传播中国文化的经历。然而，今时已不同往日。相信随着祖国的强大和国际地位的提升，越来越多外国人能爱上博大精深的中国文化。

---

① Hans H. Fränkel, *The Flowering Plum and the Palace Lady: Interpretations of Chinese Poetry*, New Haven and London: Yale University Press, 1976, p.xiii.

参考文献

Ch'ung-ho Chang and Hans Hermann Fränkel, *Two Chinese Treatises on Calligraphy*, New Haven and London: Yale University Press, 1999. (Reprinted by Yale University Press in 2009, 2017)

Hans Hermann Fränkel, "The Plum Tree in Chinese Poetry", *Asiatische Studien*, 6(1952), pp.88-115

Hans Hermann Fränkel, "Fifteen Poems by Ts'ao Chih: An Attempt at a New Approach", *Journal of the American Oriental Society*, 84 (1964), pp.1-14

Hans Hermann Fränkel, "'The Abduction', 'The War', and 'The Desperate Husband': Three Early Chinese Ballads", *Ventures*, 5 (1965), pp.6-14

Hans Hermann Fränkel, "The Contemplation of the Past in T'ang Poetry", *Conference on T'ang Studies*, Cambridge University, 1973, pp.1-26

Hans Hermann Fränkel, *The Flowering Plum and the Palace Lady: Interpretations of Chinese Poetry*, New Haven and London: Yale University Press, 1976. (Reprinted by Yale University Press in 1978)

Hans Hermann Fränkel, "Some Characteristics of Oral Narrative Poetry in China", *in Etudes d'Histoire et de Litterature chinoises offertes au Professeur Jaroslav Prusek*, ed. Yves Hervouet, Paris: Bibliotheque de l'Institut des Hautes Etudes chinoises, 1976, pp. 97-106

Hans Hermann Fränkel, "English Translations of Classical Chinese

Poetry since the 1950's — Problems and Achievements", *Tamkang Review*, Vol.XV, No.1–4, 1985, pp.307–328

Maggie Bickford, *Bones of Jade, Soul of Ice: The Flowering Plum in Chinese Art*, Woodstock: Arthur Schwartz Sales Co, 1984, pp.151–191 (Reprinted by New Haven: Yale Art Gallery in 1985)

Shen, Tseng-wen, trans. by Ti, Ching and Payne, Robert, *The Chinese Earth*, New York: Columbia University Press, Morningside edition, 1982

管宇：《中国诗歌中的梅树》，《中国文化国际传播》（第二辑），2025 年

管宇：《20 世纪下半叶昆剧在美国的传播：以张充和与傅汉思为中心》，《国际中国文化研究》（第三辑），2025 年

管宇：《美国汉学家傅汉思"梅花诗"译介研究》，《中国社会科学院大学学报》，2023 年第 5 期

管宇：《汉学伉俪傅汉思与张充和》，《中华读书报》，2023 年 4 月 5 日

管宇：《傅汉思中国古诗英译研究》，中国社会科学出版社 2023 年 3 月版

管宇：《傅汉思与沈从文——跨越半世纪的恩与报》，《中华读书报》，2022 年 5 月 18 日

管宇：《美国汉学家傅汉思》，《中国社会科学报》，2020 年 10 月 14 日

图书在版编目（CIP）数据

玉骨冰魂：美国汉学家傅汉思著述选译随谈 / 管宇

编著 . -- 北京：中国青年出版社 , 2025. 3. -- (海外

汉学家与中华文化国际传播). -- ISBN 978-7-5153 -7532-8

Ⅰ . H315.9；I206

中国国家版本馆 CIP 数据核字第 2024WZ4374 号

玉骨冰魂——美国汉学家傅汉思著述选译随谈

作　　者：管　宇

责任编辑：刘　霜

营销编辑：邵明田

出版发行：中国青年出版社

社　　址：北京市东城区东四十二条 21 号

网　　址：www.cyp.com.cn

编辑中心：010-57350508

营销中心：010-57350370

经　　销：新华书店

印　　刷：三河市君旺印务有限公司

规　　格：710mm×1000mm　1/16

印　　张：16

字　　数：213 千字

版　　次：2025 年 3 月北京第 1 版

印　　次：2025 年 3 月河北第 1 次印刷

定　　价：78.00 元

如有印装质量问题，请凭购书发票与质检部联系调换

联系电话：010-57350337